황학동 키드의 환생

시와문화의 시집 022

황학동 키드의 환생

박몽구 시집

시와문화

■시인의 말

사십 년 동안 시의 광맥을 캐왔다.
내놓을 만한 보석을
넉넉하게 마련하지 못했다.
하지만 들일 수 있는 빈 자리가
거대한 소유보다 넉넉하다고 믿으며
새 마음으로 시 앞에 앉는다.

| 차 례 |

■ 시인의 말 _ 5

제1부 인디언 섬머

인디언 섬머 _ 12
메타세콰이어 입원 _ 14
베트남 쌀국수 _ 16
야간 비행 _ 18
히말라야 _ 20
만월을 위하여 _ 22
멀리 가는 향기를 간직한 _ 24
스피커들 _ 26
안양7동 재활용 처리장에 가서 _ 28
명성산 책바위 _ 30
오래 된 골목 _ 32
팝업북 _ 34
투스카니의 태양 _ 36
하늘을 담은 책 _ 38
세렝게티의 불개미 _ 40

제2부 유령의 여자

유령의 여자 _ 44
상수리나무 숲에서 _ 46
관곡지 가시연꽃 _ 48
안양천 은행나무 _ 50
날지 않는 새 _ 52
한밤의 다이얼 _ 54
산티아고 가는 길 _ 56
화강암에 든 나혜석 _ 58
국수리 가는 길 _ 60
시네마 천국 _ 62
그린란드 상어를 타고 _ 64
로또 맞은 집 _ 66
소리를 죽이며 _ 68
인디언 섬머, 스크린 너머 _ 70
수간주사 _ 73
소리를 찾아 _ 76

제3부 광화문 돌베개

그녀를 만나기 100미터 전 _ 80
광화문 돌베개 _ 82
삼겹살 가위 _ 84
흐린 렌즈를 닦으며 _ 86
독도 가는 길 _ 88
울릉도 _ 90
귀향 _ 92
의정부역 차엔박 피부과 _ 94
수덕사에 가서 _ 96
뿌리서점에 갈무리한 시간 _ 98
마니산 새벽 등정 _ 100
명성산 책바위를 넘으며 _ 102
안양2동 폐기물 수집소에 들러 _ 104
황학동 키드의 환생 _ 106

제4부 평사리, 길 밖에서

연장을 만지며 _ 110
비비안 마이어를 찾아서 _ 112
소리를 구우며 _ 114
제주 애월에 가서 _ 116
궁예대궐 _ 118
청춘 열차 _ 120
겨울 계양산행 _ 122
네루다와 함께 _ 124
명사산 _ 126
마니차를 돌리며 _ 128
좀 비뚤어져도 돼 _ 130
알바천국 _ 132
남천, 불타는 루주를 바른 _ 134
귀로 보는 봄뜰―피아니스트 김문화에게 _ 136
평사리, 길 밖에서 _ 138
수목한계선 _ 140
선암사 가는 길에 _ 142

제1부
인디언 섬머

인디언 섬머

인디언 섬머가 불쑥불쑥 찾아오는 9월
글쓰기 공부를 하겠다고
아이들이 인문대 강의실로 속속 밀려든다
한쪽 다리가 짧아 삐걱거리는 의자에
땀 배인 엉덩이를 엉거주춤 얹는다
운동장 가득 먼지를 일으키다
활짝 열린 땀샘이 채 닫히지 않은
아이들의 번들거리는 얼굴을 보면
꼭 흙 묻은 축구공 같다
자기 소개서를 잘 써야 면접에 통과되기 쉽다는데
원고지 빈 칸에 흐북히 쌓인 흙먼지가
좀처럼 닦이지 않는다
일터로 들어가는 문은 호리병 목처럼
잔뜩 좁혀들어 있는데
남을 먼저 배려해야 하고
호감을 사도록 목을 가다듬어야 한다고
떠들다 보면 왠지 수수깡을 씹는 것 같다

아이들이 글쓰기를 하다 말고
흐북히 내놓은 빵 봉지며 음료수 캔,

파지들을 용역 청소원들이
다음 수업에 아이들이 몰려들기 전에
서둘러 치우고 있다

플라스틱 빗자루에 쓸려가는 폐품들이
강의실을 밀려다니는 아이들을 닮았다
튀비에 나온 시장은 처리장이 만원이라며
버릴 걸 만들지 않는 게 최선이라는데

글쓰기 강좌에 몰려든 아이들을 보면
번잡한 지하철 환승장에 들어섰다가 놓친
아이들의 손이 아프게 밟힌다

메타세콰이어 입원

종각 일대가 헐리면서
빌딩숲이 제아무리 하늘을 가려도
새 봄이면 훌쩍 크는 메타세콰이어를 누를 수 없다
서울의 두텁고 단단한 스모그를 넘어
종각역 쏟아져 나오는 시민들에게
푸르름을 한 아름씩 안겨 준다

그런 메타세콰이어 오형제 가운데
올 봄에는 두 그루나 링거액을 달고 있다
4월이 되어서도 새 잎을 피울 생각을 잊은 채
링거 줄을 칭칭 감고 서있는 나무를 보니
꼭 겨우내 새벽 도시락을 싸다가
몸져누운 어머니 같다

10년이 넘도록
맑은 공기를 받아 마신 사람들이
땅을 온통 시멘트로 숨 막히게 덮은 다음
한 뼘도 못 되는 땅만 남겨주어
거인 메타세콰이어는 목을 축일 물마저 없다

푸르름을 그렇게 받아 마시고
장맛비 무릎 넘어 흠뻑 내려도
금세 하수구로 다 쓸려 나가고
메티세콰이어에게는 작은 샘 하나
남겨 두지 않는다

일본산 왕벚나무에게 봄 향기마저 다 빼앗긴 채
링커를 매단 채
버겁게 서서 긴 봄날을 견디느라
머쓱하게 서 있는 메타세콰이어
서서히 죽어가는 서울의 눈금이다

베트남 쌀국수

1호선 대방역 앞 여성가족센터에 들러
목공 수업을 마치고 나오니
땅거미가 어느 새 넓게 발을 뻗고 있다
출출한 속 한 눈 덥힐 데 없나 두리번거리지만
학원가랑 몇 블록 떨어져 있는 탓인지
마땅한 데가 보이지 않아
흐린 불빛이 새어나오는 음식점 문을 밀고 들어갔다
침침한 간판 글씨가 제대로 일러주지 못했지만
그리 넓지 않은 베트남 쌀국수집이
따스한 한지 등피 아래 드러난다
키가 작고 군살이 없는 여인이
주방 안에서 음식 준비에 여념이 없다가
한참 만에야 나와 주문을 받는다
조리와 접객을 혼자서 하는 모양이다
메뉴판을 내밀 때 보니
뭉툭하게 잘린 손가락이 부끄럽게 드러난다
아직 서투른 우리말
행주로 감춘 상처를 보며
끊어진 백묵으로 칠판을 메워가는
내 시간강사의 이력이 겹치며

쌀쌀한 가을 저녁 공기를 누그러뜨린다
베트남 여인이 내주는 쌀국수 한 그릇
큰 대접이 넘치도록 푸짐하게 내놓은
베트남 쌀국수를 훌훌 넘기며
먼 나라에서 온 여인이
견뎌온 녹녹치 않았을 시간이 따갑게 만져진다
먼 이국으로 건너와 가구공장 함바에 던져져
잠잘 틈도 없이 일과 맞바꾼 시간이
키 작은 여자의 뭉그러진 손가락으로 남는 동안
낮은 곳을 받치고 있는 사람들의 상처를
모른 체하며 우리들의 시간이 흘러갔으리라
목 좋은 자리 다 빼앗기고
산번지 한쪽에 겨우 작은 둥지를 튼 베트남 여인이
변방의 강의실을 옮겨 다니는
무거운 책가방 같다
북적거리는 입시 학원가에서 밀려나
산동네로 어두운 아파트 길을 돕느라
베트남 쌀국수집 여인이
모퉁이의 흐린 불빛을 닦고 있다
남의 일 같지 않아
뜨거운 국물을 천천히 마신다

야간 비행

일찍 터진 상처처럼 첫눈이 내린 시월
남한산성 아래 보건대학 야간 강의실은
언 배추 잎처럼 파리한 아이들로 가득하다
찬바람에 말려 올라가는 머리 쓸어내리며
두개골 해부용 메스를 챙기고
치아 모형을 떼었다 붙였다 분주한 아이들을 보면
왠지 아이들의 볼우물이 따뜻해 보인다
무엇이 배추 잎 얼어드는 이러한 밤에
산번지 강의실로 모여들게 하는 걸까
법무사 사무실서 등기 심부름을 하다가
전화국서 진종일 목 쉬도록 문의전화를 받다가
건설회사 비서실서 시중 들다가
부속품 아닌 홀로 서고 싶은 갈망으로
몇 번씩 버스를 갈아타고
겨울 마련도 없이 초롱초롱한 눈으로 몰려든 아이들
막상 교문 나서면 변변한 일자리도 없이
천정부지로 오르는 납부금을
모른 체하는 검은 손은 어디 숨었는가
끼니도 거른 채 모여 앉은 아이들을 보면
왠지 백묵이 나가지 않는다

허약한 지식이 부끄러워
밤 공기보다 먼저 입이 얼어붙는다

문득 산번지 경사로 쪽으로
종이비행기를 힘껏 날린다

히말라야

물안개가 창밖 수리산을 가린 아침
네팔산 원두 커피를 마신다
쌉쓸한 커피 향이 파문처럼 번지며
무거워진 몸을 일으키고
물안개로 흐려진 마음의 창 닦아
먼 그대도 지척인 듯 다가온다

번져가는 커피 향 따라
흐린 눈 맑아지면서
비로소 눈에 밟히는 것이 있다
히말라야 산맥 아래 네팔 청년
검게 그을은 손으로
뙤약볕 아래서 진종일 열매를 따고
벗겨진 등으로 커피 자루 져 나르는 모습
물안개 걷히며 아프게 눈에 밟힌다

산그림자 고인 한 잔의 커피 속에
히말라야 만년설이 들어 있고
네팔 청년의 흥건한 땀
눈이 맑은 아이의 미래가 담겨 있다

문득 히말라야 새푸른 하늘이 다가와
아침 내내 묵은 체증
시원하게 씻어 내려간다

만월을 위하여

빨간 루주 짙게 바른 네온사인
핑핑 돌아가던 도심에서는 보이지 않던 달빛
숨이 턱에 닿도록
산번지 언덕길 올라와서야 푸짐하게 받아든다
상수리나무가 부끄러운 허리를 드러낸 채
옷을 갈아입는 모습을 훔쳐볼 수 있고
도란도란 엎드린 판잣집 창 너머
식구들이 밤참을 나누는 소리도 따뜻하다
올해도 먹구름 몰래 찾아든 달빛
밤이 설자리를 잃은 종로며 충장로 아닌
가난한 마을에 귀한 손님으로 찾아왔다
뜨끈뜨끈한 밥을 버리고
애인의 손처럼 감싸줄 이부자리를 버리고
광화문 단식장에서 찬 가을밤을 꼿꼿이 밝히는
사람들이 배부르도록 쏟아지고 있다
차가운 차벽 높게 둘러쳐 막아도
산국 향기 퍼지듯 헤치고 나가
마지막 물 한 모금마저 마른 그릇에
단단하게 피멍으로 맺힌 말
마침내 인왕산 마당에 풀어놓을 것이다

멀리 제주로 가는 물길 휘돌아드는
맹골수도 차가운 바다 속에
그리운 피붙이 남겨둔 채
잠 못 드는 어머니들
어린 것이 잠든 캄캄한 바닷길
하나도 무섭지 않게 찾아갈 것이다
창들이 눈 감을 시간이라곤 주지 않고
떠들썩하게 춤추는 백화점, 환락가에는
한 자락 내주지 않다가
휴일도 반납한 채 씽씽 돌아가는 기계 위에
깊은 밤에도 취업 공고판을 읽는 젊은이들 위에
밤을 낮같이 넉넉하게 쏟아지는 만월
가뭄의 논처럼 갈라진 사람들 마음에 부어져
하나 되어 깨끗한 새벽으로 가는 물길 되기를!
꼬박 밤을 밝히며 어린것들 기다리는
어머니의 마음으로 산번지 골목골목
밤꽃 향기 넉넉하게 내리고
잠시 길을 잃어버렸던 사람들
따뜻한 희망의 등 한마음으로 밝힌다!

멀리 가는 향기를 간직한

겨울의 끝자락 만져지기 전에는
천리향은 절대 꽃을 피우지 않는다
금방이라도 파도의 등에 오를 듯
땅끝에 서서 먼 보길도를 바라보는 바위
무등의 정상으로 가는 길목
하늘로 향한 봉우리를 지키고 있으면서도
온몸으로 묵묵히 얼음의 시간을 견딜 뿐

섣불리 핀 봄꽃들 시들해진 뒤에야
비로소 매서운 꽃샘바람에도 흔들리지 않는
주머니를 열어 향기를 건넨다
차령산맥을 넘어
넘실대는 파도의 갈기에 올라
온몸을 사를 향기를 건네어
춘곤증으로 눈 뜨지 않는 사람들을 깨운다

깊고 푸른 물에 몸을 감춘 채
때가 익기까지는
거대한 꼬리를 드러내지 않는 이무기
용봉은 저를 드러내지 않은 채

한 사람의 손아귀에 쥐어진 세상에서
제 아픈 등으로 밟는 사람들을 견뎠다
때로는 기꺼이 목숨을 담보로 내놓으며
저 푸른 하늘을 향한
한마디 말의 순수를 묵묵히 지켰다

참고 참아 마침내 삼천리를 봄 향기로
갈아엎어야 할 때
온몸 들어 높푸른 하늘을 향한 그리움을 펼치는
이무기의 거부할 수 없는 몸짓을 보라
온몸 실어 일어나야 할 때를 알리는
천리향의 꿋꿋하게 일어선 꽃대를 보라

겨울 단단한 얼음의 벽 앞에서
침묵의 늪에 빠진 사람들
제 한몸 간수하기에 바쁠 때
저 하나의 안녕을 버리고
분연히 일어서서 가야 할 길을 알린다
깨끗한 새벽으로 가는 험로를
아낌없이 저를 던져 열어간다
저 푸른 하늘 가득
이무기의 꿈 활짝 펼친다

스피커들

처서날 황학동 풍물시장에 들러
난장에 널린 물건들을 둘러보다가
문득 몇십 년 묵은 스피커 앞에서 눈을 떼지 못했다
내장이 뜯겨진 축음기에서
변변한 외과수술 한번 받지 못한 채 분리된 녀석은
제법 매서워진 가을 바람을 담아
큰소리로 외치고 있었지만
누구도 귀 기울이지 않았다
버림받은 물건들이 오합지졸로 모여 있지만
고치지 못할 병에 걸린 것은 없다고
소리 없는 소리로 손사래치고 있었다
팔이 꺾인 와이셔츠들 산을 이루고 있지만
실밥 터지고 상처 난 친구는 하나도 없다고
에디트 삐아프의 젖은 목소리를 담은 음반들
후줄근하게 버려져 있어도
턴테이블에 걸어주면 얼마든지 목청 다듬어 흥얼거
릴 수 있다고
한쪽이 찌그러진 양은냄비들
엉덩이에 이글거리는 불꽃 일궈주면
금세 구수한 김치찌개 보글보글 끓일 수 있다고

노천에 버려진 것들 모두
뜨겁게 생명의 불꽃 피울 수 있다고
큰 귀 가진 스피커를 빌어 외친다
해 설핏한 시장에 서면
끝 보이지 않는 동굴처럼
휑하게 뚫린 욕망의 한끝이 들린다

안양7동 재활용 처리장에 가서

건질 것보다 버릴 것이 너무 많다는 생각이
전염병처럼 온몸에 엄습해 온다
귀머거리가 된 앰프를 들고 와
수명이 남아 있는 부속 하나를 찾기 위해
폐기물 더미를 낡은 책장 넘기듯
조심스럽게 뒤지지만 길은 험난할 뿐이다
내장이 뜯겨져 나간 냉장고
짜릿한 전기를 흘려도
심장의 박동이 들리지 않는 선풍기
대낮에 줄줄 비를 그으면서
마음에 없는 코맹맹이 소리만 내는 브라운관 티븨
헤쳐갈수록 쓰레기 산은 가파라져 가고
길은 보이지 않는다
마리아 칼라스의 맑은 소리 한 줄기 내기 위해
 저 많은 거푸집과 쇳덩이, 짜릿하게 감전되는 것 마다않으며
 소리를 건네주는 전선들이 얽혀 있음을 본다
 한 줄의 소리 엮기 위해
 이름없는 것들이 두렵지 않게 강을 건너는 것 아니냐고

뜯겨진 내장에 붙은 저항들이 감전된 채
부르르 떤다
끝 보이지 않는 폐기물의 산 위에
불끈 솟은 욕망 하나 더 쌓고 돌아온다
버려진 것들에 감사하며
마리아 칼라스의 목소리를 턴테이블에 얹는다

명성산 책바위

억새꽃 주억거리는 명성산
꼭대기로 가는 길목
책바위를 오르면서 몇 번이나 후회했는지 모른다

절벽을 세워놓은 듯
앞길을 막아서는 바위산
자세히 들여다보면
마치 선사들이 읽다가 잠들었음 직한
큰 책들을 세워놓은 듯한
바위를 오르노라면 금세 땀 서말은 말리고 만다

겨우 작은 딱정벌레가 되어
하늘로 깎아지른 바위를 오르자
산 아래 소음이 잦아들고
출구가 없어 붉게 물든
산정호수도 보인다

이래서 벼랑도 마다앓으며
산을 오르는구나 하는 생각이
절로 인다

보이지 않는 글
빽빽하게 새겨진 책바위를 오르면서
마니차* 한 바퀴 빙글빙글 돌릴 때마다
경전을 한권 떼었다고 믿는
글자라곤 모르는 티베트 사람들
티 없이 맑은 눈을 떠올린다

책바위를 오르면서
내 안에 불립문자가 깃드는 것을 본다

*마니차 : 티베트 불교 사원 앞에 설치되어, 경전을 안에 넣고 돌리는 경통(經筒). 티벳인들은 마니차를 한번 돌리면 해당 경전을 뗀 것으로 친다.

오래 된 골목

물 뿌린 콩나물처럼 쑥쑥 아파트 숲이 올라가는
북아현동 산번지 재개발 현장
새로 연 모델하우스가 새 살림 냄새를 풍긴다
꿈은 얼마든지 몸집이 커진다는 듯
안으로 들어갈수록 평수가 갈수록 넓어진다
새로 바른 페인트 냄새가
사람들의 꿈을 고무풍선처럼 부풀린다

반질거리는 페인트 냄새에 쫓겨
문득 길 하나 건너 옛 골목을 본다
양 곱창처럼 구불구불한 골목들에
낮은 처마들이 머리를 맞댄 채
따사로운 봄볕을 나누고 있다
그 사이로 올라간 줄장미와
격자창 밑에 놓인 장의자가 봄바람을 걸르고 있다
녹슨 철제창을 타고 내리는 녹물과
갈라진 시멘트 틈을 비집은 채
민들레 몇 송이 하늘거린다

모두들 외지로 떠나고

언제나 따스한 김 피어나는 술국집과
달콤한 냄새 피어나는 떡방앗간
푸근한 솜을 켜는 이불집만 남은 골목

누이의 헝클어진 퍼머 머리처럼 버려진 라면가락
내장이 드러난 채 던져진 폐가구 더미…
들기름 냄새 감도는 옛 골목에서
사람들은 돌림병의 숙주를 만난 듯 피해 다닌다

예술학교 가는 길에 만난 골목이
꼭 고향길 같아 걸음을 멈춘 채 두리번거린다
캐터필러로 산을 깎아
쑥쑥 올라가는 아파트 기둥들 사이에
욕망의 숙주가 살고 있는 것 같아
강의실에 닿기까지 내내 등을 돌린다

팝업북

 종각역 아래 반디 앤 루니스 서점에 들러 아이에게 줄 책을 고른다. 요즈음은 빽빽한 글자 대신 시원한 그림들이 페이지들을 메우고 있다. 색깔을 구별하는 법을 가르칠 때에도 색을 섞는 방법을 가르쳐 주는 대신 빨강과 파랑 필름을 겹쳐 보라색을 내는 식이다. 자기 집을 갖고 싶은 아이들에게도 저자는 더 이상 재료들을 모아 집을 짓는 방법을 설명하지 않는다. 그 대신 페이지에 그어진 금을 따라 골판지를 일으키면 바로 집이 세워지는 책들로 가득 찼다. 구구하게 긴 문장으로 설명하지 않아도 몇 번의 손놀림으로 책 위에 창이 맑은 집이 번듯하게 서는 걸 보면 신기하다. 말 잘하는 안데르센은 사라지고 무엇이든 뚝딱 짓고 허물 줄 아는 합체 로봇 아바타들이 책 속에 숨어 있다.

 문득 반디 앤 루니스를 나와 조계사로 가는 계단에서 저녁 준비를 하는 노숙인을 본다. 아이들 책의 페이지처럼 바닥에 납작하게 놓여있던 라면 박스들을 세워 중년의 남자가 집을 짓고 있다. 계단을 비껴든 노을 빛이 그의 살림을 비춘다. 새벽 한기를 막을 옷 몇 가지와 밤을 함께 베개로 쓰일 귀가 해진 책 몇 권, 삐죽이

빚어져 나온 수저가 전부이다. 날로 치솟는 집값 걱정을 하지 않아도 된다는 듯 간결하다. 노숙인이 일찍 준비하는 팝업 아파트에 차려진 살림을 보며 내 좁은 아파트 평수가 얼마나 큰 것인지 보인다. 나눌 것들이 너무 많다.

투스카니의 태양

더운 바람을 서로 떠맡기며
뾰죽뾰죽 키를 겨루는 빌딩들
매연을 내뿜으며 머쓱하게 선 공장 굴뚝들 아닌
올리브 나무들이 파릇하게 머리를 감고 있는
하늘이 비로소 활짝 열려 있다

투스카니에서는 자동차 으스대는 어깨 아닌
그 여자의 맑은 구둣소리가
골목골목 울려 퍼진다
담장 너머 뻗은 등나무들이
태양은 왜 파란 바다를 일렁이는지 말해준다

이태리에서 뮌헨으로 잇는 철길이
달릴 생각을 하지 않을 때에도
알프스 사람들은 아이거 북벽을 넘는 철길을 깔아
하늘 가까이 갔다던가

  3백년 된 올리브 농장 딸린 저택을 내놓은 백작 부인은
  싫은 사람이 오면 집값을 즉석에서 두 배로 올리다

가도
　낡은 집을 제 몸처럼 아끼며
　올리브 나무들을 사랑해줄 사람이 나타나자
　그의 얇은 지갑에 있는 것만 받고 넘겨주는 걸 본다

　어떤 사람이 나타나기 전에
　언제든지 그 사람을 맞을 준비를 하고 있어야 한다
고
　투스카니의 따스한 태양은
　준비하는 사람만이 가질 수 있다고
　파랗게 열린 하늘이 귀띔해 주는 아침을
　올리브 향기가 열고 있다

하늘을 담은 책

가을비 질금질금 흩뿌리는 오후
꼬리를 문 차량 소음에 떠밀려
휘청거리는 독립문을 보며
영천시장 책사에서 귀가 망가진 책장을 넘긴다
건들장마를 그어줄 처마 한 뼘 보이지 않지만
포목상, 순댓국집, 철물점 들이 오밀조밀 들어선
낡은 시장 건물 사이를 비닐 지붕이 쳐져 있어
가을비의 차가운 손찌검이 미치지 않는다
무거운 하늘을 인 비닐 천정에 닿도록
수명이 긴 책들이 차곡차곡 쌓여
단단한 기둥을 이루고 있다
낡고 비좁은 재래시장을 허물고
유리창 번들거리는 주상복합을 올리겠다며
이 빠진 포크레인 앙상한 굉음
책방 발부리까지 먹구름을 몰려와도
책들이 완강하게 팔들을 엮어
재래시장 골목을 지키고
찻값이 필요 없는 북카페에서
느긋하게 책장을 넘기며 깨끗한 하늘을 기다린다
대추나무 울타리를 넘보는 담 허물어

연립을 올리면 큰돈이 된다는데
허리 굽은 주인은 철거 보상금에는
눈길 한번 주지 않고
퀴퀴한 책들을 연방 비좁은 책장에 꽂는다
색시 딸린 단란주점만 내면 시간이 금이 된다며
알박기 하듯 박힌 책방만 빼면
일손을 놓은 채 자가용 굴리며
남은 시간을 꿀같이 즐길 수 있다며
조합 거간꾼들이 귀를 따갑게 할수록
낡은 책들을 더 높이 쌓는다

날로 새로 들어서는 아파트들
시간이 흐를수록 파리 목숨이지만
깨알 같은 글씨 고물거리는 책들
시간이 흐를수록 수명이 늘어난다며
책 속에 담긴 말들 묻어두면 보석이 된다며
땟자욱 가득한 책들의 얼굴을 닦는다
말끔해진 표지에 비 개인 하늘을 담는다

세렝게티의 불개미

 아내가 아이를 데리고 식구들이 외출하고 없는 오후 부푼 가죽소파를 뭉개고 누워 아이피 튀뷔 채널을 이리저리 돌리다 문득 한자리에서 멈춘다. 동물의 왕국이 재탕되고 있다. 땅끝이 보이지 않는 세렝게티 초원에서 산만 한 몸집의 코뿔소를 불개미들이 해체하고 있다. 불개미들은 도축사라도 된 듯 익숙하게 갈라가고 있다. 신기하게도 먹음직스런 살을 칼을 댄 듯 발라가더니 어느 새 앙상하게 뼈가 드러난다. 불개미들이 마지막 군살 한 점까지 발라 깨끗한 뼈만 남겨 코뿔소의 영혼을 하늘 높이 올려 보내는 걸 물끄러미 보고 있다. 이렇게 불개미들은 칼 하나 들지 않은 채 거대한 몸집의 하마를 순식간에 말끔하게 해체한다. 세렝게티에서는 때로 하찮게 여겨온 메뚜기 몇 마리가 하늘 보이지 않을 만큼 불어나 지평선 너머까지 일렁이던 호밀밭을 단숨에 초토화시키기도 한다. 거대한 몸집의 코뿔소나 사자가 세렝게티를 지배하는 것 같아도 하늘로 가는 고삐를 쥐고 있는 건 손톱보다 자그마한 불개미이다.

 이런 징그러운 벌레나 바이러스는 멀리 있지 않다.

얼마 전 새로 출시된 '윈도우 10' 오에스를 사다 까는 도중에, 즐거워할 틈도 없이 큰 벽을 만났다. 어제까지 멀쩡하게 돌아가던 프린터며 그림을 복사해주던 스캐너들이 꿈쩍도 하지 않는다. 새 시스템에 맞지 않기 때문이란다. 이웃들은 한두 번 돌려보다가 안 돌아가면 미련 없이 버린다. 요즈음 아파트 폐기물 처리장에 버려지는 낡은 컴퓨터 부품들을 보면 거대한 전자감옥이 들어선 느낌이다. 눈에 보이지 않는 바이러스들이 은밀하게 컴퓨터를 치명적인 암덩어리로 바꿔 버린다.

가난한 사람들의 호주머니를 털어 세계를 거대한 쓰레기장으로 만들어 버리는 멀쩡한 새 컴퓨터에서 거대한 음모를 본다. 퇴근 후 시간을 쏟아 부어 벌써 며칠째 컴퓨터와 싸움을 벌이고 있다. 버벅거리는 컴퓨터를 더 이상 참을 수 없어서 윈도즈 10으로 개비중인데, 잘 돌아가나 싶더니 톱니 하나가 맞아 들어가지 않은 것처럼 프린터가 걸려서 꿈쩍도 하지 않는다. 밤을 꼬박 밝히며 부품을 뗐다 붙였다 씨름하다 보면 멀쩡한 컴퓨터를 그대로 내다버리고 싶어진다. 문득 희부염해진 창을 내다보니 빌 게이츠가 빙그레 웃고 있다. 그가 노리는 것이 바로 이것이구나 싶어 다시 떼어낸 플러그들을 닦아서 다시 붙인다.

빌 게이츠가 작은 불개미들을 숨겨놓아 내 욕망의

끈을 물어뜯고 있는 것 같다. 한술 더 떠 컴퓨터 머리를 만드는 친구들은 3년 주기로 새 버전을 내놓아 컴퓨터를 개비하지 않으면 새로 나온 게임들이 돌아가지 않는 아무짝에도 쓸모없는 쇳덩이로 전락시키고 만다. 빌 게이츠가 풀어놓은 불개미들이 야금야금 내 호주머니를 털어 나를 눕히는 게 보이는 새벽 스캐너로 보이지 않는 세계를 담는다.

제2부
유령의 여자

유령의 여자

십수년 전 체코 여행길에 만났던 여자를
북적거리는 압구정 방면 전철 칸에서 다시 만났다
모나리자를 닮은 조브장한 귓볼에
요하네스 페이메르의 진주 귀걸이를 한 소녀가
광고판 속에서 맑은 눈으로 바라보고 있다

"아름다움은 쟁취하는 것입니다!"
빛바랜 늙은 진주를 떼어내고
이번에는 값비싼 보석 장식을 단
압구정 성형외과의 모델이
수술 칼로 한껏 크고 맑게 만든 눈으로
금방이라도 핀업 광고판에서 뛰쳐나올 듯
상체를 내 쪽으로 돌리고 있다

흙수저도 얼마든지 갈고 닦아
반질반질한 금수저로 만들 수 있다고
너저분한 죄목도 전화 한 통화면
무죄로 세탁할 수 있고
무대 뒤에서, 입상자도 얼마든지 바꿀 수 있다고
서슴없이 어깨들을 겹치며

가슴을 드러낸 성추행범처럼 밀착해 오는
승객들의 어깨 너머로
광고판 속 무국적의 핀업걸이
가청 주파수를 넘어 들리지 않는 말
큰 눈으로 들려주고 있다

인디언 섬머가 끝난지도 모른 채
어깨를 하얗게 드러낸 광고판 속 여자
쿨룩거리면서도 거절할 수 없이 건네는
큰 눈 만들기, 주걱턱 깎기, 뱃살 흡입술, 예쁜이수술…
성형 품목들을 한 아름 받아들고
인간 밀림을 가까스로 빠져 나간다
그렇게 삽시간에 퍼지는 바이러스를 피해
맥도날드 햄버거로 통하는
압구정 전철역 통로를 따라
하나같이 똑같은 얼굴들이
걷는 법을 까맣게 잊은 채
유령처럼 서로를 떠밀며 가고 있다

상수리나무 숲에서

계원조형대 옆구리를 끼고 모락산으로 오르는 산길
부싯돌을 그어 불빛을 일구듯
후드득 상수리 열매들이 떨어지며
미명의 검은 장막을 찢어 내리고 있다
산지기 없이도 산길을 든든하게 지키느라
온 몸이 딱딱하게 굳은 상수리나무일수록
더욱 하늘로 곧게 하늘로 기지개 높게 켠다

그렇게 늠름하던 상수리나무 숲이
요즈음 눈에 보이지 않는 해충의 손아귀에
속절없이 쓰러져 가고 있다
수박을 파먹은 듯 속이 비고
온몸에 검푸른 곰팡이마저 번져
속 빈 강정이 된 나무를 측은하게만 봤더니
말라가는 둥치 한쪽에서 다시 잎을 피우고 있다
제 몸이 썩어들어 가는 와중에도
제 몸을 먼저 돌보지 않고
어린 가지에게 영양을 죄다 건네어
파릇파릇 새 귀들이 돋고 있다

해충이 입질을 하기 시작한 상처 위로
개미떼들이 덤벼들어 수액을 강탈해 가는 통에
검붉은 피멍이 흉하지만
제 몸을 살리는 데 서두르지 않고
장마 한 차례 지난 뒤 파릇한 싹을 슬며시 낸다
딱따구리에게 제 살을 파먹도록 해주고
그 아픈 상처 씻기 위해
더욱 풍부한 수액을 퍼올린다

가을이 깊어 아무리 배가 고파도
상수리 열매들을 저 혼자 갈무리하지 않고
고스란히 떨어뜨려 어린 다람쥐들을 살린다
다람쥐들이 몰래 열매를 감춰준 흙에 입김을 불어넣어
봄이면 다시 더욱 푸르른 싹을 피워 올린다

미명을 걷고 몸매를 드러내는 상수리나무 숲
가진 것들을 버릴 때
더 큰것들을 가질 수 있다고 일러준다

관곡지 가시연꽃

날로 쑥쑥 올라가는 아파트 숲에 떠밀려
서해로 빠질 듯 손바닥만 하게 남은
시흥 염전 가는 길에 만난
관곡지 가시연꽃은 진종일 비수를 벼린다
향기를 맡으려 손을 내밀면
초경 때 같은 피를 흘리며
함부로 다가오지 말라고
꽃대를 가린 울울한 가시옷을
빗장 걸듯 오므린다

사기연꽃이 순결을 지키는 법은
남들이 다 버린 진창을 사랑하는 것이다
한 발짝 헛딛으면
입술이 바싹 마르는 소금밭
이쪽에서는 남들이 다 피해 다니는
검붉은 뻘에 목이 차오르도록
몸을 잠그고 있다

꽃을 갖는다는 건
온몸을 던지는 일이라는 듯

백년에 겨우 한번 염화시중의 미소 띄운다
그 미소 나눠 가지려
불손한 손이 덮치면
자결하듯 울울한 가시관을 내민다

너도 꽃을 피우려면
온몸을 던지라고
연꽃을 꺾으려드는 손에
깊고 푸른 가시를 박아
진창으로 떠밀어 버린다

안양천 은행나무

막 붓이 지나간 듯
파란 가을 하늘을 보며
안양천 천변길을 서두르다가 문득 멈춘다
노란 은행잎들 사이로 숨은 은행알들이 밟히며
흥건하게 톡 쏘는 냄새를 풍긴다
비릿하게 파고드는 고약한 냄새를 피해
사람들은 하나같이 길을 바꾸어 피해 간다

문득 지난 여름 큰물이 지나간 둑길을 본다
흙탕물에 실려온 부유물들 사이로
키가 갸웃하게 자란 어린 은행나무가
발돋움하듯 가을 하늘을 향해
활짝 기지개를 켜고 있다

안양천변 은행나무들이 제 살을 베어
어린 열매들이 겨울을 잘 나도록
흐북히 덮는 날에는
소슬바람도 피해 간다
은행나무 낙과가 고약한 냄새를
함께 머리를 맞대고 살아온

이웃들에게 건네는 것은
어린 씨를 지켜가기 위한 전략이었다
코를 찌르는 악취를 풍겨
털이꾼들의 매서운 손을 피해가기 위한…

가을 안양천을 거닐며
어머니들이 무거운 짐을 진 채
화장기 없이 살면서도
한번도 아프다는 말을 내지 않은 이유를 알 것 같다
작은 씨앗 하나를 갈무리하기 위해
제 살을 아낌없이 떼어내
새끼들 겨울 날 이불을 깁는 은행나무를 보며
서둘러 다시 창을 활짝 연다

날지 않는 새

이제는 까치를 만나러 먼 산으로 가지 않아도 된다
아침에 밀창을 여니
맑은 새 소리가 가을 하늘을 들어 올리고 있다
파란 하늘이 활짝 열리니
숨 막힐 듯 압박해 오던
무표정한 아파트 벽들이 한 걸음씩 물러선다

까치 부부가 비좁은 아파트 벽 사이를 위험하게 날며
아침 햇살을 부지런히 쪼고 있다
그런데 키 머쓱한 메타세콰이어를 딛고
하늘 멀리 날아오르나 했더니
반보쯤 하공을 날아다니다
이내 시멘트 바닥으로 내려앉는다

창밖으로 내려다보는 까치는 피둥피둥 살이 붙었다
공터에 선 나무 위 집에 두고 온
어린 것들의 아침이라도 챙기는지
퀴퀴한 음식물 찌꺼기들이 들어 있는
쓰레기 봉지를 능숙하게 헤집고 있다

문득 가을이 깊어가도록
산길에 뒹굴고 있는 상수리며 노란 은행알들이
눈에 밟힌다
더 이상 날지 않는 까치 등에 업혀
가을 하늘이 음울하게 내려앉고 있다

한밤의 다이얼

숭숭 뚫린 대화방 벽 틈에 숨어
엿듣던 음란서생들도 잠들었나
사위가 기름에 축인 듯 고즈넉한 밤
내 나이보다 늙은 제니스 라디오를 듣는다
볼륨을 올리자마자 모래알을 삼킨 듯
사각거리는 소리가 쏟아지지만
거슬리기는커녕 왠지 방안이 따스해진다
어긋난 치열이 부딪친 듯
쉬고 서걱거리는 베시 스미스*의 목소리가
상처투성이 라디오에 딱 어울린다
카네기홀 아닌 뒷골목 밤무대라도
영혼의 불꽃은 더 치열하다고 말해 준다

왠지 낡은 스피커 뒤에서
눈물을 삼킨 베시 스미스가 달려나올 것 같아
뒷덮개를 가까스로 열어보면
사랑을 배신당한 흑인 여가수 보이지 않고
낡은 진공관들에 걸쳐져 있는 거미줄 위에
수명 끊긴 말들 즐비하다
한번 바르기만 하면 주름살 활짝 펴져요

수입 화장품 모델의 달콤한 말
표를 찍어주기만 하면 부자로 만들어 드립니다
선거 때마다 반짝 떠돌다
이내 유령처럼 사라지는 여의도의 공약들
묵은 먼지 흐북히 뒤집어쓰고 있다

그런 밤에는 부푼 오줌보를 참으며
늙은 라디오 앞에서 떠나지 못한다
어두운 거리를 등진 채
화려한 말잔치로 밤을 낮같이 밝힌
디지털 종편 방송이 삼켜버린
잡음들을 찾아 다이얼을 천천히 돌린다
슬그머니 밤무대 뒤로 가
눈이 큰 흑인 재즈 가수가
슬픈 블루스 행간에 눌러둔 말들을 찾아
사각거리는 볼륨을 올린다

*베시 스미스(Beessie Smith) : 불루스의 여제로 불리는 미국의 흑인 재즈 가수.

산티아고 가는 길

 큰손들에게 목 좋은 스크린 다 빼앗기고, 간신히 이수역 위 아트나인 소극장에 걸린 독일 영화 '나의 산티아고'를 본다. 발터 벤야민이 히틀러의 뜨거운 입김을 피해 오르다가 가파름을 이기지 못하고 목숨을 끊었다는 피레네산맥을 가로질러 800킬러미터를 42일간에 걸쳐 함께 걷는다. 몇 십년 만의 더위도 잊은 채 오싹한 추위가 덮친다. 생애 최고의 주가를 올리던 독일인 코미디언 하페 케르켈링은 공연 후 앵콜 무대에 섰다가 그만 누적된 과로로 쓰러진다. 큰 수술 후 절대 휴식을 처방 받아 무력하게 시간을 축내던 그는 무대로 돌아가는 것도 마다하고 무작정 산타아고 순례길에 몸을 던진다. 하페를 맞아준 것은 탁 트인 바다, 풍성한 올리브 나무 그늘이 아니었다. 차가운 우기와 사막의 삭막함, 허름한 숙소, 벌레들의 습격, 성한 데라곤 없이 발바닥에 집을 짓는 무좀, 불면증, 스물스물 기어오르는 바퀴벌레와 싸우며 새벽이 밝을 때까지 잠을 설친다. 봉쇄수도원의 자물쇠가 열리고 다시 모래바람 몰아치지만, 문득 사위가 막힌 도시의 벽으로부터 벗어나는 출구 하나를 하페와 함께 흘깃 본다. 서로 불편한 것들과 기꺼이 동거할 때 자유가 주어진다는 것에 비로소 부르르 몸을 떤다. 진종일 맨발로 걸어온 피로를 눅이느라 퀴퀴한 합숙소에서 배낭을 베고 누운 밤 옆사람의 콧소리가 나만을 위해 쌓은 담을 허물어 버린다. 불편함이야말로 꼭 짜인 도시의 벽, 겉이 화려한 상품들에 묶인 영혼을 자유롭게 풀어놓는다.

 해운대로 향하려던 발걸음을 돌려 국제시장 건너 보수동 헌책방 거리를 걷는다. 한국전쟁의 전화를 피해 내려온 사람들이 강냉이죽 끓이기도 쉽지 않았을 텐데 퀴퀴한 헌책 더미를 뒤적이는 모습이 겹쳐진다. 그날 그날의 끼니 못지않게 영혼의 모음을 챙겨 먹는 일이 버겁다고 천정까지 쌓아 올려진 책들이 큰소리를 친다. 가파른 산복도로를 따라 올라가며 헌책방 거리 한가운데 펼쳐진 사십계단 양 옆으로 작은 꼬막같이 엎드린 집들마다 밝혀진 등피들이 새벽으로 가는 외줄기 길을 비추고 있다. 스모그로 사라진 별들을 대신해 거미처럼 창창한 성좌를 이루고 있다. 아무리 높은 지위나 하늘에 닿도록 재물이 쌓여 있더라도 영혼의 모음이 부족한 사람들이 보수동 헌책방에서 낡은 책장을 넘기며 밤을 밝히고 있다.

화강암에 든 나혜석

수원 화성 지나 시네파크에서 내려
길 건너 나혜석 거리에 들어서자마자
가장 와락 눈꼬리를 잡아끄는
해피 포인트 가맹점 던킨 도너츠
무전취식으로 생을 마감한 나혜석이
끝내 누리지 못한 것들을
지금이라도 이뤄주고 싶었을까
나혜석의 좌절된 파리 유학을 보상해 주고도 남을
국적 불명의 쭈꾸미퐁듀, 연막탄 숯불구이,
한우곱창구이 입간판들이 한사코 소매를 잡아끈다
꼬르륵 배꼽이 보내는 신호 따라
발 앞에 채이는 음식점 문을 밀고 들어가려다
난장에 돌옷을 걸치고 서있는 나혜석을 본다
요란한 네온사인 조명이 온몸을 던지듯 끌어도
한 발짝도 뗄 수 없는
행려 화가에게 따스한 발이 되어
화성의 산벚나무 꽃그늘을 함께 걷고 싶다
문득 나혜석이 생의 마지막을 보낸
북한산 기슭 청운양로원 앞
길 없는 길을 밝히고 있던 수은등을 떠올린다

문밖에 밥 한 그릇만 놓고 가주세요
밤새 꼬박 뜬눈으로 쓴 시나리오를
컵라면 한 개하고도 바꿀 수 없어
찬 밤 한 덩이를 기다리다
절명해 버린 젊은 시나리오 작가의 얼굴도 겹친다
화강암으로 빚은 해석의 그림들
하지가 그다지 멀지 않았는데도
드러난 어깨를 덜덜 떨고
음식점 천정을 그슬리며 고기를 굽고
밤보다 더 깊게 술 취한 사람들
누구 하나 돌에 박힌 나혜석의 발을
떼어주러 오지 않는 밤
숲속 쭈꾸미퐁듀로 가는 길 밝히는 수은등
한껏 휘둥그레진 눈알을 굴리고 있다

국수리 가는 길

4월의 끝 두물머리 정약용 생가에 들른 다음
남한강 건너 국수리를 찾았지만
출출한 속 달래줄 국수는 말지 못했다
춘천 가는 길 곧장 넓게 뚫리면서
빙빙 돌아가는 한강길 따라
느리게 걷는 소풍객들 줄어들고
오물을 수원지로 몰래 흘려보내느라 분주한
러브호텔들 가려운 뒤통수만 보았다
노른자위 땅 서울 사람들에게 팔아넘기고
빈 축사를 넘보는 마을길만
퍼진 국숫발처럼 더 길어졌다
그런 날에는 한줌이 아까운 봄볕을 따라
다시 강 건너 운길산 수종사로 발길을 돌린다
약사암 뒤편에 무성한
국수나무 그늘에 나른한 봄날을 맡긴다
민통선 지뢰밭도 너끈히 넘어온
북한강 티 없는 바람으로
막힌 속을 풀어 내리면서
한 입에 말 수 없도록
국수 가락이 길어진 뜻을 헤아린다

문득 깊어진 등창을 떠메고 올라와
두물머리 맑은 물에 씻었던
세조의 상처투성이 시간을 여며
국수나무에 둘둘 말린 그늘을 편다
서울로 돌아가는 길 다그치며
줄창 울어대는 휴대폰 벨소리
느리게 덮여오는 땅거미에 묻어 버린다

시네마 천국

오랜만에 고향에 들른 김에
송정동 86번지 동양극장 앞에 선다
고무신 양 손에 쥔 채
깨진 환기구 비집고 들어가
제임스 딘 젖은 눈빛 따라
책을 던진 채 며칠이고 집밖을 떠돌고
잉그리드 버그만의 눈빛에 한없이 빠져들던
버짐 성성한 상구머리 소년을 본다
그 소년 만나려니 보이지 않고
무너진 극장 위에 선 양판점에서
허벅지 미끈한 미시가
캔맥주며 햄소시지를 한 가득 들고 나온다
식구들과 멋진 주말 나들이를 할 모양이다
극장 옆, 무쇠솥을 찍어내느라
한여름에도 용광로 이글거리던 적산 공장
흔적도 없이 사라지고
요술 지팡이에 맞은 듯
번듯한 연립주택이 들어서 있다
서울로 무를 실어 나르던 시골역은
KTX가 오가는 큰 역으로 탈바꿈했다

역앞 삐걱거리던 신신당구장 계단 걷어치워지고
문을 가린 모텔이 들어설 만큼
시간은 짜릿하고 빠르게 흘러간다
시간이 급물살을 타면서
앙상하게 드러난 극락강 바닥에
시간의 앙상한 켜가 모래성을 쌓고 있다
언제든지 허물고 새로 지어도 좋을….

그린란드 상어를 타고

입추도 며칠 지나 가을로 한 발짝 들여놓았나 했더니 아침부터 아파트 숲 너머 떠오른 해에 온통 빨간 가시가 돋았다. 키가 머쓱한 후박나무 잎들도 축 늘어진 게 부채 바람을 기대하기 어려워진 날, 펼쳐든 신문에서 시원한 파도가 쏟아진다. 멀리 북극해에 사는 그린란드 상어가 일으킨 파란 물보라가 신문 밖으로 쏴아 하고 넘친 것이다. 며칠 남지 않은 북극의 여름이 너무 아까워 빛 한줄기 닿지 않는 심해의 집을 뛰쳐나와 가출했나보다. 셰익스피어가 눈을 감았을 즈음, 광해군이 아버지 사도세자의 한을 되갚을 방도를 찾느라 잠 못 이루던 시절 지구 반대편 북대서양에서 태어난 그는 차갑고 깊은 바다 속을 홀로 누비며 살아간다. 그때부터 지금까지 살고 있으니 무려 400살이나 먹은 셈이다. 그 나이에도 아직 살아갈 날들이 헤아릴 수 없이 많아 남은 그린란드 상어의 식량은 한치 앞 보이지 않는 심해를 느릿느릿 가는 외로움이다. 1년에 겨우 1센티미터씩 키가 자라 150살은 먹어야 겨우 비로소 어미 아비가 될 수 있다는 녀석이 서두르지 말라고 귀띔해준다. 온통 가시 박힌 뙤약볕, 온 밤을 땀범벅 뜬눈으로 꼬박 밝혀야 하는 열대야가 그에게는 더없이 값진

선물이리라. 그린란드 상어가 거대한 꼬리로 시원한 물보라를 일으키는 북극해를 떠올리며 불볕더위 속으로 풍덩 뛰어든다.

  동해로 가는 긴 자동차 행렬 속에서 옴짝달싹 못하는 대신 사당역 뒤쪽 헌책방 책창고에 들러 축축한 페이지들을 넘긴다. 천천히 퀴퀴한 시간을 만지다 구석에서 표지가 까맣게 칠해진 랭보의 시집 지옥에서의 한철을 고른다. 문득 파리 외곽에 베를레느와 차린 살림이 깨진 랭보가 바깥은 지옥이라고 외친다. 랭보를 따라 밖으로 뛰쳐나가 중국인들 북적거리는 명동에나 갈까 하다가 발길을 돌리는데 남의 손으로 갈라진 땅을 하나가 되어야 한다고 외치다 10년은 족히 독방의 차가운 공기를 마시다 나온 김남주 시집이 소매를 붙든다. 1.7평의 독방에 갇혀 하늘도 손바닥만 한 창만큼 보지만 더없이 큰 정신의 날개를 가진 그가 지옥도 살아볼 만한 가치가 있다고 등을 토닥여 준다. 낡은 사진 속에서 더욱 밝은 웃음을 짓는 그를 보며 책갈피마다 담긴 서늘한 바람에게 유난히 긴 여름을 맡긴다.

로또 맞은 집

사당역 가는 버스를 기다리다
문득 정류장 옆 전봇대에 붙어
찢어진 런닝처럼 너덜거리는 전단지에 눈길이 머문다
건들거리던 바람이 잦아들면서
날리던 치맛자락 제자리 찾듯
말린 복사용지가 펴지자
삐뚤빼뚤 써진 큼지막한 글자들이
흐린 시야를 맑히며 불쑥 다가온다

로또 맞은 집
방 둘 1억 2천7백만 원
방 셋 1억 7천8백만 원
업자 아님, 즉시 입주 가능!
사는 순간 로또 타는 겁니다!

사당행 버스가 문을 활짝 열었는데도
올라탈 생각은 않고
머쓱하게 마른 전봇대를 물끄러미 올려다본다
전봇대에 붙은 전단지가

초여름 바람 맞아 휘파람 소리를 내는데도
복권 추첨통 속의 공들이 좀처럼 잡히지 않는다
돈 버는 법은 어렵지 않다고
큰소리를 치는데
구의역에서 열리지 않는 스크린 도어를 수리하다
전동차에 끼인 청년의 손에 쥔
월급 144만원을 아무리 부어도
복권 속 숫자를 맞출 수 없다

누구는 복권쯤은 우습게 보일 만큼
뒷돈 챙기기가 식은 죽 먹기라는데
어제 날아든 아이의 학자금 대출 독촉장에
로또 당첨 번호를 겹쳐 보며
왠지 마른하늘이 잔뜩 흐려진다

소리를 죽이며

사각거리는 바늘 소리마저 죽이고
순은의 첼로 선율을 얻기 위해
숨마저 막은 채 심해를 항해하는
독일 유보트들의 음향공학을 빌려왔다던가

잡음이라곤 머리카락만큼도 섞이지 않은
음반을 만들기에 고심을 거듭한다지만
흥에 겨울 때마다 흥얼거리는
파블로 카잘스의 무반주 첼로조곡 연주는 비켜가지 못한다
피아노 건반을 투명하게 짚어가다 말고
때로 절름발이 의자를 삐걱거리거나
가을 갈대밭에 앉은 휘파람새 날갯짓 같은 구음을 내는
굴렌 굴드의 골드베르크 연주 앞에서
한 순간도 눈을 뗄 수 없다
투명함의 극한까지 밀고 가는 음향공학을
경외성서처럼 신봉하는 사람들도 적지 않지만
서둘러 가는 기술을 거슬러
도저히 족적을 지울 수 없는

그들의 잡음은 이제 값을 매길 수 없는 보석이다

카잘스의 콧소리 생생한 첼로 연주에서
비오듯 땀 흘리며 쇠를 치는 대장장이를 본다
그의 망치가 굉음을 넘어
교과서 밖의 옥타브를 이루듯
날로 잡음을 잡아내는 재주가 늘어가는 음향공학으로는
결코 잡을 수 없는
행간 밖 숨겨진 말들을 줍는다

볼펜을 고쳐 잡을 틈도 없이
수화기 너머에서 들려오는 호통을
고스란히 옮긴 특종!
미처 감추지 못한 말들이 모니터 밖으로 넘치는데도
앵무새의 목을 꼭 쥐고 있는 손은
언제쯤 멱살을 풀 것인가

인디언 섬머, 스크린 너머

 찬 이슬 내리는 한로 한복판에 불쑥 찾아든 인디언 섬머가 공기를 후끈 데우고 있다. 불쑥 찾아온 더위를 식혀 보려고 극장을 찾았지만 귀밑머리를 적시는 열기는 스크린 앞까지 바싹 따라붙는다. 큰손들이 멀티플랙스관 스크린들을 온통 점령해 버린 뒤끝, 손바닥만 한 스크린 달린 소극장에서 엠비씨에서 광우병 사태의 실상을 파헤치다 해직된 한학수 PD가 만든 다큐 영화 '자백'을 가까스로 만난다. 달콤한 자유와 행복을 찾아 북한에서, 일본에서 온 젊은이들이 기자회견장에서 두 팔을 치켜올리며 만세를 외치던 장면은 너무 짧았다. 주소가 실종된 밀실에서 몇 달간 유폐된 채 수갑을 쩔렁거리는 수사관들이 불러준 대로 자백한 끝에 간첩으로 변신하는 허물벗기를 숨죽이며 지켜본다. 뜨거워지는 가슴을 식히려 연거푸 손부채질을 해보지만 갑자기 북극해에라도 풍덩 던져진 듯 공기가 얼어붙는 기분이다. 기억 창고에 없는 사상을 추궁 당하던 도중 자결로 생을 끝낸 한준식은 이름마저 한종수로 바뀌어 무연고 묘에 누워 있다. 연변으로 찾아간 취재진이 아무것도 모른 채 아버지를 기다리는 북쪽의 꿀 같은 딸에게 아버지의 죽음을 전하는 대목에서는 혼신되는 대

포폰을 따라 먹먹한 가슴에 굿은비 사선으로 그어 내린다. 오늘은 스크린 속 남의 이야기지만 내일은 나의 이야기라는 생각이 뜨겁게 목울대를 치밀고 올라온다. 스크린 밖으로 나오니 인디언 섬머는 어느새 사라지고 오들오들 떨리는 살갗이 겨울 한복판이다.

  서울 동숭동에서 잡지사 밥을 먹던 시절 엉겁결에 만난 천상병 시인의 모습이 지금도 눈에 풀린 매듭처럼 밟힌다. 서울대 상대 동문이던 잡지사 사장을 찾아온 사람들은 박찬종 같은 정계 거물이거나 그럴듯한 명함을 내미는 인사들이 대부분이었다. 그러던 어느날 후줄근한 레인코트에 며칠째 씻는 일이라곤 담 쌓고 지낸 듯한 몰골을 한 사람이 구부정한 모습으로 찾아왔다. 그런데 잡지사 사장은 그에게 악수를 내밀며 반갑게 환대하더니 한 시간 너머 얘기를 나누고서야 일어섰다. 비서 말로는 사장의 후배인데 그가 천상병 시인이라고 했다. 그는 비서실에서 저녁이나 하라며 기만원을 쥐어주는데도 '천원만! 막걸리 한 잔' 하며 지폐 한 장만을 빼들고는 총총히 돌아섰다. 그의 허물어질 듯한 뒷모습을 보며 편집부 사람들은 정보부 지하실에 다녀오고 나서 정신줄을 놓아 버렸다며 혀를 찼지만, 나는 문득 그야말로 제정신을 지닌 사람이 아닐까 하는 생각이 들었다. 떠돌이인 그에게 오슬오슬한 가을 한기를 막아줄 막걸리 한 잔만큼 절실한 것이 없다는 것을 사람들은 간과하고 있었다. 남산 터널 아래 어두운 지하 취조실에서 때로 몇 달씩 견뎌내야 했던 외로움에는 전매특허가 붙어 있지 않다고 그의 허물어진 걸음걸이가 말해 주었다.

　다 잘 살게 해주기 위해서 하는 일이라며 사지를 조지는 고문관이 되었다가 외로움의 멍이 풀릴 즈음이면 다시 따스한 손을 내밀던 큰삼촌과 아줌마는 오늘도 변장술을 다듬기에 여념이 없는가. 어린 누이를 조져 누명을 얼기설기 엮었지만, 화교 출신 탈북자 유오성 씨가 북한을 넘나들었다는 기록이 얼굴 없는 손으로 조작된 사실이 드러난 날, 이 땅에서 끝내 남매의 만남을 이루지 못한 채 중국으로 추방되는 누이의 여린 뒷모습이 허물어진다. 그 모습이 십수년 전 동숭동에서 만난 천상병 시인의 취기 어린 뒷모습과 겹쳐져 좀처럼 지워지지 않는다.

수간주사

　태풍 곰파스가 한반도의 허리를 관통하며 빠져나간
이튿날
　종각 건너 옛 화신백화점 자리에 들어선
　삼성증권 빌딩 회전문을 밀고 들어갔다
　기다리던 사람 오지 않고
　와락 안겨드는 대나무 향기!
　멀리 남쪽 담양 지실 소쇄원을 지켜야 할 통대나무
몇 그루
　수목 한계선 훌쩍 넘어
　종로 한복판에 아무렇지도 않은 듯
　진초록으로 분장한 채
　풀 한 포기 없는 서울 지키고 있다
　내 빈약한 팔을 펼쳐도 한 아름에 들지 못할 만큼
　넉넉한 플라스틱 화분에 옮겨 심어져
　머쓱하게 키 천정까지 늘이고 있다
　준순의 머리끝 파릇한 흙 대신
　인스턴트 비료를 받아먹으며 자라는 대나무를 보며
　문득 여름 끝자락 더위가 가시는 기분이다가
　펑크난 버스 탓에 늦는 사람을 기다리며
　그럴 수 없다는 생각이 꿀같이 올라왔다

플라스틱 화분에 들어앉아
힘쓸 것 없이 넉넉한 밥상을 받고
눈보라 걱정 없이 사철 시원한 에어컨을 끼고 사는
댓잎이 청색증을 앓는 아이의 입술처럼
바싹 말라가고 있었다
여름의 끝자락 보이도록
죽순 한 촉 쏘옥 올릴 생각 없는
이민자 대나무가 걱정되는지
남쪽으로 난 창으로 뻗어가는
마른 뿌리에는 수간주사가 꽂혀 있었다
로비의 전광판에서는 큰손과 외국인 투자자들이
개미들을 제치고 일제히 사들이기에 나섰다는
시황 정보가 흐르고
거대한 공룡의 식욕을 채워주느라
서울로 서울로 징발된 개미들,
주소를 잃은 대나무, 계절을 어기고
가을 들어 붉은 꽃 피우는 동백…
하나같이 잃어버린 고향을 앓고 있다
마비된 버스 노선에 막힌 친구는 오지 않고
나는 거대한 온실에 갇힌 대나무에 꽂힌 수간주사를
뽑았다
햇볕 한 줌 건네주려고
푸른 하늘을 가린 블라인드를 걷었다
그 사이로 수간주사를 단 대나무들이

플라스틱 화분을 가까스로 뿌리치며 걸어가는 게 보
였다

소리를 찾아

날마다 커지는 소리들을 놓치지 않으려면
이제 두 귀로는 모자란다
더 이상 육아 비용은 걱정하지 않아도 된다며
티뷔에서는 연일 떠들어대고
이제 떨어진 주가는 잊으라며
다시 슈퍼스타 오디션 소리들로 뜨겁다
큰소리들 앞에서 내 목은 한없이 잠긴다

그런 밤에는 시골집에서 듣던 금성 라디오를 떠올린다
귀가 쩡쩡 울리는 확성기로 부르지 않아도
꼴깍 넘어간 해 뒤로
맑은 달이 떠오를 즈음이면
아이들은 하나둘 모여들기 시작했다
노랗게 익은 고구마를 벗기며
우리집 평상에 놓인
조그만 트랜지스터 라디오를 듣기 위해서였다
밤 8시 시보와 함께 흘러나오는
김수현의 '저 눈밭에 사슴이'를 듣고 있노라면
금세 라디오에서 나온 종아리 가는 여자가

와락 달려들 것 같았다
그 여자가 밝게 웃으면 함께 웃고
그 여자의 눈시울이 젖는 만큼
아이들도 함께 울었다
모기떼들이 달려들어도
아이들을 라디오에서 떼어놓지 못했다
연속 방송극이 끝나도
아이들은 집으로 가는 길을 잊은 듯
라디오 앞에 모여 있었다
손바닥만 한 라디오라고는 할 수 없이
바다 건너 온 재즈 가수며
서울에 사는 펜팔 친구들의
보이지 않는 얼굴을 만나기 위해서였다
넓은 마당을 울리기에 라디오 소리는 너무 작았지만
어린 아이의 온 가슴을 흔들었다
라디오에서 끝없이 흘러나오는 끈을 따라
서울로 가는 꿈을 꾸었다
시를 품고 그림을 그렸다

큰소리들이 방송사 입마다
거리에 떠도는 신문마다 넘치는 오늘
가느다란 금성 라디오의 소리는
여의도의 큰소리들에 눌려
압정으로 눌린 나비들 풀려나

유채꽃 향기를 나르듯
어린 아이의 가슴을 벅차오르게 하던
꿈의 날개를 바삭바삭 펼치게 한다
맑은 소리 한 줄기 건지며
꼬박 새벽을 밝히게 한다

제3부
광화문 돌베개

그녀를 만나기 100미터 전

노란 은행잎들 차렵이불처럼 깔려 있는
효자동 야트막한 삼거리
100미터만 걸어가면 그집 앞일 텐데
물샐틈없이 쳐진 차벽에 가로막혀
더 이상 한 발짝도 나갈 수 없다
끊어진 길을 다시 잇기 위해
사람들은 줄다리기를 하듯
어깨에 어깨를 걸어 밀어 보지만
썩은 충치처럼 박힌 바퀴들
완강하게 꿈쩍도 하지 않는다

진정하게 무서운 적은 제 안에 숨어 있다던가
외치다 쉰 목소리며 사물놀이 꽹과리 소리 멈춘 채
제풀에 지쳐 돌아서는 시위대 사이로
문득 유모차를 밀던 한 아이가
차가운 경찰차에 백합꽃 스티커를 붙이는 걸 본다
스물스물 덮치는 땅거미를 밀어내며
일대가 금세 환해진다
돌아서던 사람들이 다시 어깨를 좁히며 모인다

피붙이들이 죽음과 키스하는 긴박한 시간에도
헝클어진 머리를 들어 올리고
주름진 피부를 펴느라 주사기를 꽂기에 부심한
그녀에게 사랑의 약속을 기억하라고
훌쩍 담 너머 꽃향기를 건네는
아이 주변이 따스해진다

아이의 눈동자에 그득 고인 맑은 호수에
흐린 하늘을 담아서는 안 된다고
사람들이 겨울바람을 막아선다
보이지 않는 손을 대신해
형제를 향해 총을 들어야 했던 육이오
저를 낳고 아낌없이 제 살을 덜어내 길러준
어머니를 향해 방아쇠를 당겨야 했던
사일구와 오일팔의 비극 다시 맞아서는 안 된다고
집으로 가던 사람들이 다시 모인다
저 맑은 눈의 아이에게만은
어두운 내일을 물려주어서는 안 된다고
스물스물 다가서는 땅거미를 밀어내며
무표정한 차벽에 사랑의 꽃을 함께 붙인다
마침내 물샐틈없이 붙어 완강한 이
털실이 부풀듯 느슨하게 풀리며
그집 앞으로 가는 길 한 가닥 열린다

광화문 돌베개

뭐가 그리 급했을까
잎보다 꽃이 먼저 핀 산수유 편지
속속 올라오는 3월
광화문 국민광장에서 봄밤을 보낸다
하늘을 찌르는 빌딩숲 사이
작은 꼬막처럼 엎어진 천막들
사막에 흩어진 유목민들의 갤처럼 던져져
차가운 밤을 꼬박 밝히지만
구리 이순신은 집어넣은 칼을 꺼내지 않는다
맹골수도에서 귀환하지 못한 친구들을 기다리며
돌베개 몇 개
무너진 가슴을 지킬 것은 우리뿐이라고
모로 누워 깨어 있다
어느 새 피붙이보다 더 가까워져
모르는 사람들이 팔베개 건네며
차가운 봄밤을 견디는
메마른 도시 속 오아시스
천막의 입구가 들리면서
부끄럽게 드러난 살림을 본다
먼 바다에 아이들을 차게 버려두고

차마 따뜻한 잠자리를 꾸릴 수 없는
어머니들 긴 밤을 꼬박 밝히는 촛불 몇 개
지우지 못한 얼굴 하나
바닥을 뚫고 스물스물 올라오는
한기를 막기에는 역부족인 차렵이불…
그 사이 로 문득 돌베개의 등을 타고
차가운 이슬 몇 방을 흘러내린다
흐르는 물 위에 놓인 돌베개를 벤 채
잠 못 이루는 밤들 덕분에
맷집 좋은 경찰의 곤봉도
진실을 행간에 묻어버린
가짜뉴스의 음험한 혀도 피해
깨끗한 새벽을 맞을 수 있었으리라
따뜻한 눈물로 덥혀지는 돌베게
새벽이 얼마 남지 않았다고
맑은 눈으로 깨어 있다

삼겹살 가위

 겨울 방학 내내 더벅머리로 지내다 비산 사거리 삼익이발소에 들러 잘랐다. 덜 삶아진 기장미역처럼 얼크러져 있던 머리카락들 싹둑싹둑 잘려 나가는 걸 보면서 막혔던 식도가 시원하게 뚫렸다. 잘 드는 가윗날로 더럽혀진 세상을 얼마든지 시원하게 도려내는 이발사가 이때처럼 부러운 적이 없었다. 오직 제 식구들에게 용돈을 나눠 쓰기 위해 멱살잡이와 주먹질이 오가는 여의도를 우리나라 지도에서 잘라내고, 단돈 5천원 손해 보고 판다는 통큰 치킨 냄새에 떠밀려 문을 닫은 구멍가게의 숨통도 함께 끊어 놓는다.

 때로는 수술 가위가 되어 벌겋게 멍든 위장이며 희고 두터운 기름띠 겹겹이 둘러쳐진 뱃살을 분리해 간다. 일주일 내내 거듭되는 회식 자리로 부어오른 눈가마저 말끔하게 정리해 줄 듯싶다. 바닥에 수북하게 깔린 머리카락들을 쓸어 담는 면도사의 손에 맡겨 소모의 일상도 군더더기 없이 밀며 얼마나 신이 났던지!

 내친 김에 이발소에서 돌아오자마자 서랍에 넣어둔 가위를 꺼냈다. 새 기분으로 이발소를 나설 때만 해도

이 기회에 온 집안을 곰팡이 세상으로 만드는 파지들을 결판내리라 마음먹었다. 종편 선정 보도로 두툼해진 신문지를 자르고, 아내를 위해 헌 러닝셔츠를 잘라 걸레를 몇 개 만들었다. 이윽고 신명이 붙은 가위를 들고, 좁은 아파트를 숨 막히게 만드는 책이며 과월호 잡지, 낡은 LP판, 부치지 않은 편지들을 쓸어내려 삼겹살 가위 큰 입을 들이밀었다. 그런데 웬걸, 기대와는 달리 첫 페이지, 손때 묻은 책 귀 하나 자를 수 없었다. 돌아보니, 유난히 차게 몰아친 한파에 떨고 있는 짐스러운 쓰레기들이 실은 내 영혼의 실팍한 살이었기 때문이다. 차마 뚝뚝 피 흘리는 영혼의 살점들 볼 수 없어 오후 내내 다시 제자리로 돌려보냈다.

흐린 렌즈를 닦으며

요즈음은 무뚝뚝한 사내를 닮은 본체보다
둥글둥글 두루 기웃거리는 렌즈들에게 마음을 빼앗긴다
조리개 열어 건들장마 걷힌 하늘을 담다 보면
길모퉁이 카페에서 술과 음식을 나르다가도
즉석에서 식탁 위를 쓸고 올라가
카르멘의 아리아를 목청껏 뽑아대던
헝가리 여자의 크고 깊은 눈처럼 빨려든다
그 꾸밈없는 눈매에 감기면
덧칠한 페인트 아래, 반질거리는 모조보석 너머
가려진 흉터 고스란히 들여다보인다
황학동 시장 잡동사니들 사이에
모로 누운 렌즈들
수명이 스무 뼘은 더 남아 있는데도
산송장으로 버려진 장롱 헝클어진 속 읽어준다
쓰린 속 깊이 감춘 소리
절반도 퍼내지 못했다고
귀가 망가진 엘피판이랑 축음기
비틀거리며 돌아가는 스텝을 따라 밟는다
진종일 두 어깨로 여름 해를 져 나르고도

건들장마 걷히면 솟는 해돋이만큼
다시 짐이 쌓이는
인부들에게 퍼줄 밥이 남았다고
가지런한 이 빛내고 있는 주발들에게
시린 이를 맞댄다
잔치국수집 목로에 모인 햇살
골동가게 가판대에 굴러다니는
바스러진 어깨들의 소리
하나도 흘리지 않도록
맑고 따스한 눈 훤히 뜬다
얼굴 없는 돈뭉치들
제아무리 빠른 속도로 세계를 묶으려 해도
팔뼈 금가는 아픔 담겨 있지 않으면
매듭 하나 엮을 수 없다고
난장 가득 태엽 풀린 시계
혀를 빼문 유행가 테이프들 널려 있다
무릎 깨지고 팔이 꺾인 옷가지라도
잘 꿰어주는 사람 만나면
날개를 단 연인이 되듯
티 없이 맑은 렌즈에 담으면
실컷 저를 다 내준 뒤
버려지고 망가진 잡동사니들 너머
숨어 있는 맑고 따스한 모습
상처 씻고 영산홍 새살로 피어난다

독도 가는 길

어화를 끈 오징어잡이 배들
일본 쪽에서 불어오는 바람에 떠밀려
도동항 흐린 물에 이물을 빠뜨리고 있다
토박이들을 웃도는 외지인들이 치는
회 맛에 밀려 섬백리향 향기
오리도 못 가서 사라진 자리에
독도행 뱃삯을 걷는 소리만 부산하고
독도로 가는 파도에 숙취를 맡긴다
파도의 갈기 매서운 저 바다만 지키면
새벽이 온다고
잃어버린 역사의 혼 되찾을 수 있다고
선장은 독도는 우리 땅을 연방 틀면서
갈매기 떼 쉴 자리를 빼앗는다
때 묻지 않은 처녀지 믿으면
풍어의 꿈 다시 고깃배에 실리고
등 돌린 북쪽 친구와도 다시 손잡을 수 있다고
팜플렛에 박힌 활자만큼 큰눈 뜨자
해쓱해진 얼굴 물안개 걷으며 보여주는
국토의 막내
손 내밀자 뱃전을 넘도는 파도가 갈라놓는다

파도의 눈 씻으며 드러난 물개바위
섬은 발 아래 두는 게 아니라고 소리친다

독도에 발 딛지 못하고
돌아오는 뱃길
도동항 횟집에서 쌓은 숙취
다 버리자
비로소 저 바다
넉넉하게 안긴다

울릉도

입추에 들른 도동항에는 입추의 여지없이 부산하다
바가지요금을 들고 외지인들을 붙드는 민박집 여자들
즉석에서 오징어 회를 떠놓고
뱃길에 지친 이들을 기다리는 어부의 아내
임박한 독도행 뱃시간을 알리는 쉰 뱃고동 소리
온갖 소리와 냄새들의 비빔밥으로 가을이 수선스럽다
그렇게 발 딛을 틈 없이 분주한 가운데서도
천년은 더 묵었다는 석향 향기
노이즈 마케터들 사이를 홀연히 비집고 들어와
혼곤해진 머리를 석간수를 마시듯 맑혀준다
마른 땅 다 놔두고 하필이면 천길 절벽을 올라가
뿌리를 내렸을까
수수께끼를 안고 섬 곳곳을 둘러본다
사람이 모일 만한 자리에는
엿공장이 있고 민박집이 있고
어화를 켠 채 회를 뜨는 카페가 틀고 앉아
독도로 가는 뱃길 보이지 않는
북작거림에 시달리며 비로소 석향 향기

십리 밖에서도 맡아진다
남이 눈길 한번 주지 않는 절벽에 올라
국토의 막내, 독도에게 손을 흔들고
한 방울 이슬도 아껴
목마름을 적시며 견디는 시간은
얼마나 향기로운 것인가

북적거리는 포구에서 벗어나
제 목숨 버리며 독도를 지킨
안용복의 발자취를 찾아
길을 버리고 돌뿌리 성성한 길로 접어든다
가로등 꺼진 길을
석향 향기가 환하게 비춘다

귀향

엔딩 크레딧이 올라가고 나서야
비로소 숨겨둔 영화가 시작되었다
가슴을 떼어낸 일본군의 손아귀로 빨려 들어가는
어린 누이를 건지기 위해
7만 5천이 넘는 사람들이 손을 건네느라
필름 밖의 스크린이 끝없이 올라간다
문득 따스한 눈물 한 방울이
겨울의 긴 장막을 그어 내린다

떨어지지 않는 발길 돌려
대한극장 문을 나서는데
대낮인데도 땅거미가 밀려든 듯 어둡다
길 건너 충무로 인쇄 골목마다
두터운 페이지들이 쌓여 있지만
딸들이 온몸으로 이기며 건너온
시간들은 쏙 빠져 있다
좁은 골목을 넓게 쓰며
화보 페이지들을 나르는 짐발 자전거
꽃샘추위를 등 지고 쇠를 치는 선반공
일하는 사람들의 지친 어깨를 일으키기 위해

생선을 뒤집는 목로주점 주모
난장에 서서 삼짇날 차가운 공기를 뿌리치지만
얼어터진 살을 딛고 오는 봄
스크린 밖으로 나오지 못한다

문득 덜덜거리는 오토바이가 던지고 간 석간에는
어린 누이의 손을 수렁으로 끌고 간 전범들이
얼굴을 바꾼 채 들어와 장사가 한창이다
가미가제 비행기를 만들던 미쓰미시산
니콘 카메라 렌즈 맑은 눈에는
군사 분계선 뒤에서 웃는
얼굴은 비치지 않는다
부글부글 넘치는 기린맥주 거품 속에는
징용에서 돌아오지 않는 삼촌의
슬픈 눈은 비치지 않는다

겨울로 돌아가려는 듯
3월 들어 퍼붓는 큰눈 등진 채
술국 한 그릇으로 꽃샘추위를 뿌리친다

의정부역 차엔박 피부과

비내리는 의정부역 아무리 훑어보아도
출출한 속 채워줄 부대찌개집 보이지 않는다
더 이상 미군부대 뒷골목으로 흘러나오는
음식물 부스러기나 파는 서울의 변두리가 아니라는 듯
미끈한 빌딩들 한집 건너 키 맞대고 있다
더 이상 끝 보이지 않게 흐릿한 꼬리 이루어
순번을 기다릴 여유 없다고
복권방 앞마다 로또 응모권이 부르고 있다

사람은 어머니 자궁의 어둠을 깨고 나오는 게 아니라
만두피처럼 얼마든지 마음먹은 대로 빚을 수 있다고
역전 광장이 한눈에 들어오는 차앤박 피부과 빌딩은
토요일에도 늦게 귀가하는 위성 시민들에게
캐치프레이즈를 흩날린다
1층에는 브랜드 이름만 들어도
허공을 날 수 있을 것 같은 나이키 대리점
2층에는 그 어느 코도 감쪽같이 벨 수 있는 성형외과

3층에는 허벅지 근육쯤 화살처럼 뺄 수 있는 스포츠 센터,
4층에는 머리 핑핑 돌아가게 해주는 피씨방 들이
누구도 넘보지 말라고 어깨를 나란히 붙이고 있다

이제 더 이상 활자들 바글거리는 책으로
눈 탁하게 하지 말라고
연필심을 깎듯 갈고 다듬어
명품들만 진입할 수 있는 백화점 쇼룸에
너를 빛나게 전시해 제 값을 받아야 한다고…
소리 없는 외침에 귀가 따갑다

문득 길 모퉁이 구석
아직 철거되지 않은 직업소개소 흐린 유리창에 적힌
파출부, 도배사, 건설 잡부, 배달원, 청소부
모집 광고가 장맛비에 흐린 먹물처럼 흘러내리고 있다

수덕사에 가서

대천 바다로 가는 길 제 아무리 넓어도
정작 보이지 않는 손이 틀어쥔 아가리 앞에
우리는 묶이고 말았거니
어둠의 팔이 완강하게 가두어 버린 물안개 한 켠
옷고름 푸는 처녀처럼 걷히며
열린 세상을 헤아려 본 적이 있는가
울 엄니 애잔한 등처럼 꼬부라진
산길 한 가닥에 기대어
덕숭산 자락을 더듬으며
햇살이 노곤하게 반질거리는
풀밭에서 한나절 정신을 빼앗기기도 하고
내 여자의 허리처럼 잘 빠진
돌 틈새로 잦아드는 시냇물에 귀를 씻는 일이
우리네 들뜬 이마를 식혀 주지만
한 발짝 물러서면 망각의 강 저편으로
묻혀 돌아오지 않는 것을 너는 보느냐
부드럽고 매끄러운 일
다 흘러간 다음에야
한 말이나 땀 흘리게 한 고갯길이랑
네 여린 살을 물어뜯어

선연한 피 돋게 한
모난 돌이 오래된 지기처럼 다가오는 것을
팔팔한 것들은 우리들을 한 치도 움직이지 못해도
죽음을 앞두고 빨갛게 물들어 가는 단풍 몇 낱이
우리들의 막힌 속을 환히 여는 것을

뿌리서점에 갈무리한 시간

지금 용산의 옛 모습을 간직한 곳이라곤
기적 소리 사라진 철길 너머
네 귀가 헤진 책들로 쌓아올린 뿌리서점뿐이다
가문비나무 숲 청청한 복판은
지금도 여전히 외인부대 철조망 성성한 식민지
아침 저녁으로 전철역에서 쓰나미를 이루며
무거운 가방과 넥타이로 무장한 인파 쏟아져도
수입 부품을 조립해 파는 컴퓨터 상가
아파트식 공장, 일본식 양판점으로
습자지에 빨려 들어가는 물처럼 증발하고
꿈을 간직한 비둘기호 기적소리 들리지 않는다
집 잃은 개들만 깨진 창을 지키는
재개발 예정지 높은 담들만이 어깨를 겯고
찬 바람 견디고 있는
도심 속 무인도에서 홀로 지키는 낡은 활자들만이
용산의 맷집 단단한 역사를 간직하고 있다
밤새 달려온 새벽 비둘기호에서 내려
출출한 속을 덥히던 포장마차들
다시 청평 현리 얼음판 넘어
삼엄한 전방부대로 면회 가기 전에

할아버지와 어린 것의 언 손 녹여주던
쪽방 여인숙의 깨진 창들
반쯤 찢겨져 나간 페이지에 담고 있다
걸망처럼 해진 옷, 얼굴도 찢겨나간 책들의 요람도
하늘을 찌르는 고층빌딩들 들어서면
이사갈 마련도 없다는데
북행의 피로를 씻어주던 갈보집들
일확천금의 꿈 영글기도 전에
용역 깡패들 등살에 떠밀려 이사 가고
낡은 책들만 용산의 꿈 꾹꾹 눌러두고 있다
역전거리 울긋불긋 화려한 불빛으로 바뀌며
부글부글 거품으로 사라지는
옛 용산 사진 뒤에
설 자리 보이지 않도록 천정까지 가득 메운 책들
돈으로는 결코 따질 수 없는 것들이
세상에는 아직 많다는 듯 수런거리고 있다
불시에 찾아든 불경기로 올라가다
앙상하게 버려진 흉가 너머
변하지 않는 시간을 간직한 페이지들
가스등 흐린 불빛으로 산 역사를 또렷이 읽어준다
사람살이는 결코 물질의 북더기로 누를 수 없다고
먼지를 털며 일어난 책들이
빌리 할리데이의 젖은 목소리 들려준다

마니산 새벽 등정

미명부터 눈 폭탄 퍼부어
황해로 통하는 길 죄다 끊어 놓았다
무릎이 깨진 바위들만 위험하게 널려 있다
산문을 들어서서 몇 걸음 못 옮겨
막 노는 사내들처럼 휘파람을 부는
산등성이가 딴지를 걸어 밀어냈다
눈 속에 뿔을 숨긴 돌부리에 걸려
넘어지면 다시 썩은 이 드러낸
구지뽕나무 등걸에 걸려 넘어지고
산길은 십 리를 올라가면
다시 엿을 늘이듯 백 리로 늘여 놓는다
무슨 심사가 그렇게 꼬여 있느냐고
메아리로 부르면 눈보라 휘파람 물어
전선에 찬물을 끼얹는다
새벽 산길에 깔린 어둠은
양파 껍질처럼 벗길수록 더 두꺼운 옷을 껴입는다
물오리나무 잎에 물린 황해의 흔적과
층층나무에 앉아 불면인 채 기다리는
시간을 밀면 대팻날이 지나간 자리처럼
새벽이 맑고 깨끗한 촉감으로 만져진다

이런 맛 때문에 겨울 전선을 펴나보다
안온한 응달을 방패 삼은 생강나무들
한번 꼬부라진 허리 끝내 못 펴지만
황해 찬바람에 맞선 해송들
곧게 뻗은 허리로 새벽하늘 이고 있다
해송의 허리에 기대어 함허동천 오르다 보면
가파른 바윗길에도 신명이 붙어
새벽은 거저 오는 것이 아니라고
힘살 팽팽한 장딴지를 타 내리는 핏줄이 일러 준다
한 걸음도 물러서지 않은 채
마니산 정수리를 뜬눈으로 지켜 새벽 맞는 참성단
아무리 둘러보아도 단군왕검의 수염 보이지 않는다
그 대신 새푸른 하늘 가까워지면서
멀리 흰 이빨을 드러낸 사각의 파랑과 맞서서
팽팽하게 그물을 던지는 고깃배들
검푸른 개펄을 안고 하얀 뱃살 뒤집는 꽃게 가족
겨울 복판에서 순무를 캐는
어머니의 여위고 굽은 등 훤히 보인다
대패를 따라 겨울을 견딘 나무의 결 드러나듯
차고 딱딱한 어둠의 탈 벗겨지면서
이제껏 신세 지고도 모른 체해 온 이들의 얼굴
베일 벗고 따스하게 다가온다

명성산 책바위를 넘으며

 출분의 유혹으로 한껏 부푼 10월의 마지막 주말을 누를 겸 억새꽃 찾아 명성산을 오른다. 산정호수 물비린내를 맡을 때만 해도 단숨에 정상의 궁예 샘 에워싼 억새밭을 감도는 바람 냄새 맡을 것 같더니 산길은 만만치 않았다. 당단풍이 유곽 문을 활짝 열어 바지를 붙들고, 굴참나무들이 도토리 잔치를 벌여 술잔을 건네는 통에 좀처럼 발 떨어지지 않는다. 유원지 밖에 찬 이슬 맞게 버려진 책바위를 넘어서야 비로소 억새밭 가는 길 열린다는데 산정호수를 떠돌며 객지 맛을 뽑아내느라 여념없는 뽕짝 소리들마저 번번이 뒷덜미를 끌어당긴다. 몇 구비를 넘어가도 궁예 샘으로 가는 길 오리무중이다. 명성산의 키를 넘는 유곽의 사타구니 냄새를 뿌리치느라 무릎 몇 차례 꺾이고서야 책등에 부르튼 손 겨우 올려놓는다. 철원 들을 질러오는 당나라 병사들의 말발굽 아무리 요란해도 궁예의 화살 꺾을 수 없다는 듯 세워진 책들 누가 덮으랴. 사람의 손길을 탄 나무들 뿌리 드러낸 채 다들 말라가는데 물 한 모금 비치지 않는 바위에 뿌리내린 장송이 보이지 않는 글 쓰고 있다. 글자 한 자 새겨져 있지 않지만, 몽골 유목민들이 장경이 새겨진 마니차를 돌리듯 온몸으로 기어오르며 비로소 바위가 간직한 그득한 글들 땀으로 솟는다. 바위 가득 새겨진 페이지들을 꼬박 다 넘기고서야 정상에 박힌 궁예 샘으로 접어드는 길 한 자락 열렸다. 타는 혀에 달디단 샘물이 산은 딛는 게 아니라 넉넉한 품에 안기는 것이라고 일러주었다. 억새꽃 향기 한 올 나부끼며 닫힌 산을 열어간다.

안양2동 폐기물 수집소에 들러

멀쩡한 얼굴을 가진 친구라곤
렌즈를 몇 번이나 닦아도 찾아볼 수 없다
귀가 찢어지고 광대뼈 밀리고 입술 부풀어
불편한 친구들끼리 술렁거리며
건들장마 비껴간 노을 허겁지겁 베어먹고 있다
이혼 도장을 찍는다 못 찍는다
부부 사이에 치열하게 오간 공방전을 말해주듯
한방 먹어 옆구리가 움푹 들어간 장롱
운동 부족으로 헛배 부른 임부처럼
살쪄 뱃살 툭툭 터진 소파
황금의 주말 약속 버블껌처럼 뱉어버린 남자를 향해
수류탄이 되어 날아갔다가
불발되어 떨어지면서 온몸에 피멍이 든 휴대폰
아직 부를 노래가 무진장 남았다는 듯
흘러간 유행가를 느리게 흥얼거리며
혀를 빼문 카세트 테이프
지워야 할 기억으로 머리가 터진 컴퓨터
아직 달려야 할 길 멀다며
남은 원심력 잠재우지 못한 채
가을 햇살 빙빙 돌리는 자건거 바퀴들…

하나같이 이대로는 세상을 향해 걸어갈 수 없지만
속절없이 죽음을 맞는 친구라곤 없다
울음으로 얼굴이 엉망이 된 장롱도
사랑이라는 몰약을 쳐주면
돌렸던 등 다시 돌려 따스한 지음이 된다
혹사당한 눈이 망가져
가을비 주룩주룩 긋는 텔레비전도
여전히 따뜻하게 살아 숨쉬는 장기
아픈 친구에게 빌려주면
세상의 구석구석을 비추는 리포터로 탈바꿈한다
부족한 사랑의 피 몇 방울 나누면
망가지고 걷어채인 아픔 만발한 친구들에게
오르기 힘든 길 편편해지고
접힌 발 일으켜
식구들 목소리 밝게 켜진 집으로 귀환한다
수명이 창창하게 남은 친구들
부족한 사랑을 앓는 폐품 수집소 앞마당
건들장마 몰아칠 때면
건널 수 없는 진창이 되었다가도
저를 버리고 힘든 친구들에게 남은 생 맡기면
멈췄던 심장 자전거 바퀴처럼 달린다
출구 없는 욕망들 쌓아
머쓱한 백화점 키가 가려버린
재개발 철거지의 불빛 도란도란 번진다

황학동 키드의 환생

　주말이면 황학동 만물시장으로 잃어버린 시간을 찾아간다
　변변한 비를 그을 전시대 하나 없이
　담벼락에 상처투성이 몸들 다닥다닥 기대고 있는
　엘피판이며 내장이 드러난 장전축들을 보면서
　망각의 강 저편에 놓인 시간의 흉터를
　숨은그림찾기 하듯 짜 맞춘다
　시간의 버거운 부피를 견디느라 흐트러진 내장을
　납땜인두로 외과 수술하듯 꿰매고
　휴면에서 막 깨어난 진공관에 전기를 흘려주자
　막힌 핏줄이 트이며 따스한 음악이
　백목련 부신 목깃을 따라 봄볕 퍼지듯 울린다
　문득 구경하고 있던 팔이 쳐진 헌옷더미, 혀를 빼문 카세트
　이 빠진 그릇들이 덩달아 들썩거린다
　아슬아슬 각선미 죽이는 모델이 골라주고
　한 세트쯤 들여놓아야 중산층 축에 든다는
　홈시어터 시스템 들여놓지 않아도
　얼마든지 심금을 울리는 소리 낼 수 있다고
　턴테이블 위를 묵묵히 돌며

녹슨 전축 바늘이 흘러간 노래를 들려준다
차갑게 굳어 있던 가슴이 녹으면서
코맹맹이 소리를 내는 장전축을 보고 있으면
잔혹한 시간을 이기고
왠지 그 안에 살아온 영혼이 들여다보인다
다발성 경화증을 딛고 힘차게 활을 부비던
뒤프레가 금방이라도 튀어나와 손을 건넨다
음악대학 문턱이라곤 넘어본 적이 없이
산레모 가요제에서 입상한 빈민가 소녀 밀바가
노래는 결코 돈이 아니라며
에게해의 검푸른 파도를 닮은 저음을 들려준다
따뜻한 소리로 천막 안을 덥히는
낡은 것들이 간직한 시간의 켜 맑게 비친다
이태를 못 넘기고 유행에 뒤떨어져
멀쩡한 채 버려진 옷가지,
그리운 사람들끼리 이어줄 말이 많다며
잔뜩 벨소리를 장진하고 있는 휴대폰,
양주병에 거실 벽을 내준 문학전집들의
너무도 길게 남은 수명이 안타깝게 헤아려진다
어느덧 출가를 앞둔 큰아이보다 나이를 더 먹어
가슴 한쪽이 산발한 여자처럼 쥐어뜯긴
독수리표 장전축이라 하더라도
컬컬한 소리 걸러주는 부속 몇 개 갈고
공 들여 먼지를 닦아주면

질금질금 빌리 할리데이의 울음을 쏟아놓는 걸 보면
오래 가슴에 품은 사람 돌아올 것 같다
요란한 치장으로 가득 찬 백화점 너머
하늘과 키재기 하듯 올라가는 빌딩
저 그늘에 버려진 소리들이 보여
주말이면 야구장 가는 길 버리고
황학동 시장으로 잃어버린 시간을 사러 간다
그리운 것들의 싹둑 잘린 수명을 이으러 간다

제4부
평사리, 길 밖에서

연장을 만지며

청계천 공구 상가 앞을 지날 때면
나도 모르게 처진 근육에 힘이 주어진다
초가을 볕을 받아 뜨겁게 달궈진 자동차 렌치가
멈춰 서 있는 바퀴들 모두 굴릴 수 있다는 듯
굵고 곧은 허리를 빛내고
검붉고 뭉툭한 머리를 가진 해머는
아무리 완강한 철거민의 지붕이라도
여지없이 허물어 버리겠다는 듯
완강한 팔뚝 근육을 불룩거린다
가을 강 숨가쁘게 기어오르는 연어를 향한 삼지창처럼
날카로운 이를 가진 해머드릴을 쥐면
이 세상 어디라도 다 뚫을 수 있을 것 같다
어두운 공구 상가 안으로 들어가
얼굴 모르는 도구를 아무 것이나 집어들면
바리케이드며 저지선 너머
이 세상 어디라도 막힌 곳 없이 갈 수 있을 것 같다
그렇게 도구에 맡겨 허술하고 여린 곳 허물다가
눈을 가린 해머드릴이 건드린 기둥에 깔려
도구와 함께 철거 잔해 속에 묻혀 버릴 줄도 모른 채

근육질로만 뭉쳐져 앞으로 나아갈 줄밖에 모르는 도구를 쥔다

비비안 마이어를 찾아서

인디언 섬머로 후끈한 가을날, 충무로 대한극장에서 무명 사진가 비비안 마이어의 흔적을 쫓아간 영화를 보았다. 로마의 휴일에 나온 비비안인 줄 알았더니 영 딴판이다. 대공황기인 1920년대 산 청치마 하나로 살면서 목걸이 대신 롤라이플렉스 카메라를 줄곧 걸치고 다닌 여자이다. 15만 컷의 사진을 찍고서도 인화조차 하지 않았고 흔한 사진전 한번 열지 않은 채 죽었단다. 머리가 희끗희끗해지도록 젖엄마로 살아가면서 그녀가 목에서 한번도 풀지 않은 카메라 줄에 끈끈하게 맺힌 땟자국을 본다. 아이는 방안에 가두어 키워서는 안 된다고, 바닷물과 싸우며 해당화가 피는 바닷가에 데려가고, 양들의 영혼이 숨쉬는 도살장으로 소풍을 가는 여자를 보며 왠지 눈시울이 젖는다. 비비안은 백인 부자들의 식탁에 오르기 위하여 도살장으로 가는 양들의 맑은 눈, 단속반에 쫓기는 이주 노동자들의 공포에 질린 눈, 햄버거 하나로 저녁을 때우는 노숙자들, 성과 지상의 방 한칸을 바꾸는 창녀들 앞에서 서슴없이 셔터를 누른다. 낮은 자리에서 칼잠을 자고 빈약한 월급으로 결혼 준비를 하는 대신 필름을 삼키는 가난을 참아 내면서도, 주인집 차고 너머 마당에까지 쌓아놓은 신문을 벽지로 내준 주인 앞에서는 큰소리를 치며 모처럼 얻은 일자리를 박차고 나가는 비비안을 따라 뉴욕의 숨은 얼굴을 본다. 좁은 컨테이너 박스에 박혀 진종일 손님을 기다리는 늙은 노점상, 벌거벗은 채 일하는 이주 노동자, 수줍게 손을 잡은 가난한 연인, 복작거리는 지하철역 뒤편, 끌려가다시피 연행되어 가는 주정뱅이… 월가의 빌딩숲이 가려버린 인간들의 모습이 정겹다. 주류가 아니어서 신난다. 세상을 보는 시선이 곧 그가 어떤 사람인지를 보여준다. 일생 동안 독신으로 지내면서 제 길을 묵묵히 간 비비안의 인화되지 않은 사진들이 일러준다. 낡은 오토바이를 몰고 다시 빈민가로 향하는 비비안의 카메라는 결코 눈을 감지 않는다. 행려병자로 발견된 그녀의 주검 곁에 놓인 카메라가 잊혀지는 것에 대한 두려움으로부터의 자유를 누리고 있다.

---

*비비안 마이어 : 미국의 무명 사진가. 일생 동안 유모로 살면서 미국의 뒷골목을 담은 수십만 컷의 인화되지 않은 사진을 남겼다.

소리를 구우며

종로통쯤은 거뜬하게 들어올릴 듯
가십거리를 진종일 늘어놓던 방송도 잠들고
길 건너 생맥주집 거품도 잦아든 밤
장전축에서 꺼낸 진공관을 주물러 소리를 굽는다
늦여름 며칠 뚝딱거려 만든 앰프에서는
비릿한 땀냄새가 난다
파르스름한 참숯빛 생인손 저리듯 타는 진공관으로
미츠코 우치다와 함께 모차르트의 건반을 누르면
낙엽 흐북하게 깔린 흙길 냄새가 난다
며칠 밤을 통째로 헌납하며 뚝딱거린 수고가
왠지 푸대접을 받은 느낌이다
그렇게 실망하는 귀를 달래는 밤
위층 아파트에서 들려오는 부부싸움 소리
문득 무명을 두른 듯한 진공관 소리와 닮았다
그런 밤 창을 열면 기다렸다는 듯 밀려오는
아파트 상가 노천카페에서 들려오는
맥주잔 부딪치는 소리
채동욱의 낙마를 안주 삼아 오가는 언쟁
가을비를 예고하는 가랑잎 바스락거림
강가 벤치에서 들려오는 고성방가…

이런 것들이 살갑게 들려온다
겉모습 화려한 채 거실을 지키는 기백만원짜리 스피커
티 하나 묻어 있지 않은
두텁게 화장한 아나운서의 멘트보다 정겹다
진창을 건너온 작업복 땀이 밴
다투면서 쌓아가는 정이 담긴
말이야말로 듣기 좋은 소리라고
만추의 찬 밤공기를 덥히는 진공관이 넌지시 일러준다

제주 애월에 가서

겨울 들어 첫눈이 내린 날
제주 애월 앞바다에 선다
불타는 혀를 널름거리는 파도를 가르며
갈치잡이 배 한 척
만선의 꿈과 싸우고 있다
거친 겨울 파도와 사이좋게
무지개를 일구며 수평선으로 가로질러가는
고깃배의 흉골을 보면
파도와 한치 양보 없이 씨름한 끝에
피어오르던 아버지의 미소를 읽은 것 같다

하늘로 맘껏 뻗어 오르고 싶은
나무들의 팔을 철사로 옭아매
숨 막히게 비좁은 화분에 앉힌 분재원
더 이상 사람이 살지 않아
영혼이 사라진 초가들 껍데기만 옮겨 놓은 민속촌
쳇바퀴만 빙빙 돌며 초원을 잃어버린 채
말돈 건넨 만큼만 달리는 말들 즐비한 승마장
외국인 뒤에 숨은 투전꾼들 즐비한
카지노, 영화 촬영지 들은 더 이상 제주가 아니라고

마을 안까지 함께 거니는 파도 소리가 일러준다

철저하게 먹고 마시고 즐기는 도구로 무장된
관광버스 아니라
땀 흘리는 파도를 탄 아버지가
곧 제주의 얼굴이라고
수평선을 가로지르는 통통배가 무적을 울린다

궁예대궐

 포천 회현리 쪽에서 운악산을 올랐다. 관군의 토벌 작전을 예고하듯 초겨울 바람의 손때가 매섭다. 산 중턱에 궁예의 대궐 터가 있다는데 넉넉하게 겨울의 창끝 피할 수 있으리라 산길을 서둘렀다. 하지만 멀리 여진족과 원나라 군대의 힘까지 빌린 왕건의 군대를 막으려는 완강한 저항 탓일까 성으로 가는 길은 좀처럼 거리가 좁혀지지 않는다. 은월도의 날에 예리하게 찢겨진 바위들이 길을 막는다. 겨울바람을 차갑게 썰어 배낭 가득 채워 등마저 무겁다. 중국 쪽 군대를 등에 업고서라도 권부를 장악해야 된다는 듯 왕건의 연합군은 화포와 불화살로 무장한 채 밀어붙이고, 궁예군은 제 몸을 던질 수밖에 없다는 듯 궁궐의 주춧돌을 깨 던졌다. 무지치폭포를 지나 땅거미 밀려들 무렵에야 가까스로 궁예대궐에 입성했을 때에는 구중궁궐은 간데없이 피 묻은 돌들만 널브러져 있었다. 왕건은 군대를 밀어 준 여진에게 두만강 일대를 내주고도 모자라 현해탄을 건너와 화포와 정찰용 잠자리를 날려 준 왜에게 국고 관리 은행을 선뜻 내주었다. 잠들지 못한 궁예 병들의 수급이 떠도는 듯 종일 비바람 울고, 멍든 가슴만 남은 너럭바위, 잘린 다리들만 허공으로 물구나무

선 칼바위들 잠들지 못한 채 서서 관가에 끌려간 궁예를 칠백 년째 기다리며 난장을 지킨다. 왕들이 수없이 바뀌어도 아랑곳하지 않은 채, 꼬박 뜬눈으로 새벽을 맞는 병사들의 아픈 등 차마 밟고 오를 수 없어 멈춘 산길, 궁예샘에 들러 한번도 등을 돌린 적이 없는 사내의 맑은 눈물 한 사발 들이켠다. 아직 싸움이 끝나지 않았다는 듯 병사바위가 다시 등을 일으킨다.

청춘 열차

북한강 굽은 허리 돌고 돌아 느릿느릿 달리선
경춘선이 곧게 펴져 새로 깔리면서
청춘의 번지만 실종되고 말았다
용산에서 춘천까지 한 시간 남짓 달려
금세 소양호가 보이는 카페에 앉아
마시는 쌉쓸한 커피 한 잔
서울의 묵은 냄새를 날려 보낸다

돌아보면
마이다스의 손에 실린 속도가
낮고 어두운 데 머물지 말고
빨리 달려야 한다며 등을 떠밀었을 뿐
멈출 만한 역이 없었다

무표정한 아파트 숲의 뒤꼭지,
너도밤나무 군락지를 뭉개며
올라가는 고기 굽는 연기,
감자밭을 뒤엎으며 가로지르는
캐터필러의 소음들이
차갑게 식어가는 카피 맛에 묵힌다

소양강 처녀를 밀치며 부쩍 늘어난
외지인들의 부산한 발걸음 너머
굽은 북한강을 똬리 틀듯 감싼 채
느릿느릿 달리던 녹슨 철길
앙상한 뼈를 민통선에 묶인 바람이 빨고 있다

기름진 닭갈비를 주문해 먹고
서둘러 역으로 돌아가는 단풍객들 사이로
밀려드는 땅거미를
수대째 막국수를 마는 키 작은 집
희미한 불빛이 힘겹게 밀어내고 있다

겨울 계양산행

날카로운 이 드러낸 돌들이 앞을 가로막는다
짧은 해 등에 진 채 산길 재촉해도
돌아보면 산문이 눈에 밟히는 그 자리
흥건한 땀 서 말 흘린 뒤
서어나무 숲 새로 파란 하늘 드러나서야
산이 좀처럼 몸을 내주지 않는 이유를
조금은 알 것 같다
이웃이 보이도록 느리게 가라고
지칠 만하면 바위등을 내주고
한 고개 넘어서면
지친 발 편하게 두라고
다시 늙은 상수리나무 등걸을 내준다
굽은 데라곤 하나도 없이
굿굿하게 산허리에 걸쳐진 둘레길
두루마리 펴듯 다 뒤져도
정상으로 가는 길 좀처럼 내놓지 않은 채
그렇게 빙빙 산문 밖을 떠돌게 하는 이유
서어나무 방설림 헤치고 나서야
비로소 한 자락 들여다보인다
계곡과 계곡 사이

꼬막을 엎어놓은 듯 옹기종기 모여 있는 민가들
마지막 남은 백제 땅
당나라 군에게 내주지 않으려는 듯
산허리 허물어지지 않도록 지키고 서있는
불빛들이 도란도란 저녁을 준비하고 있다
계양산이 가파른 경사를 준비해
가벼운 손가락 하나도
천근 짐으로 무게 지운 이유
겨울 바람의 차가운 귀뺨 견디며 정상에 서서야
비로소 훤히 들여다보인다
저 아래 창 너머
따스한 아기의 웃음소리를 지키기 위하여
산은 물구나무 선 절벽 첩첩이 세워
겨울 바람 거친 손찌검을 막아섰구나
뾰죽뾰죽 산돌을 만드느라
피 흐르는 것도 잊은 채
상처들 홀로 만지며 높아졌구나
그런 날, 산의 정수리로 가는
가파른 길이 정겹다
산길 밖, 나에게로 닿는 길 오른다

네루다와 함께

신문로 흥국생명 지하 시네큐브에 들러
가까스로 스크린 속 네루다를 만났다
엔딩 크레딧이 올라갈 때까지
다리 곧게 뻗을 방 한칸 얻지 못한 채
추적자의 뜨거운 입김을 피해 다닌다
때로 한 줄의 사랑의 시로
얼음보다 차가운 연인들의 마음을
금세 따스하게 녹이기도 하지만
지하 수백미터 광산에서 석탄을 캐는 광부들
무기와 검은 돈의 무게에 짓눌려
끝내 말 한마디 꺼낼 수 없을 때
네루다의 시는 타는 혀가 되었다
그렇게 행간에 숨은 말 꺼내어
곧게 폈다는 이유로
공산당주의자 낙인이 찍히고
국회의원 배지마저 빼앗긴 채
절벽 첩첩 안데스의 끝까지
뜨거운 입김의 추적을 피해 다니는 네루다에게
시인이 짊어진 숙명을 읽는다
눈보라 치는 한밤중에 깨어

빈 페이지를 채워가는 네루다를 보며
프랑스 혁명을 다룬 파리 콤뮨 소지 혐의로
졸지에 적색분자로 수배되어
형사들의 추적을 긴박하게 따돌리면서도
더욱 뜨거운 시를 쓰던 김남주 형이 떠올라
나도 모르게 눈물이 핑 돌았다
네루다에게서 시를 빼앗기 위해
비밀경찰의 발길은 바싹 뒤쫓지만
가난한 인디언 소녀에게 벗어준
양복 주머니에 든
네루다의 시집을 빼앗아 읽던 추적자가
되려 시의 꿈을 키워가는 걸 보면
증오와 사랑은 백지장 한장 차이다
굵은 눈보라 걷히며 드러난 파란 하늘에
왠지 가슴 깊은 곳이 먹먹해진다
시인은 불타는 증오를 되돌려
따뜻한 사랑으로 바꾸는 사람이라고
설산 속 네루다가 묵묵히 일러 주었다

극장을 나온 뒤 그대로 갈 수 없어
네루다와 함께 뒷골목 카페에 들러
칠레산 화끈거리는 와인을 한 잔 마신다
번지는 술기운 너머
낯선 얼굴들이 하나같이 따스하게 다가온다

명사산

늘 아이만 같던 아이를 군대에 들여보내고 온 날
임실에 있는 아버지 유택에 다녀왔다
참전용사 묘역이라 누군가 벌초를 하고 갔는지
장년이 훌쩍 넘도록
강가에서 모래만 캐다 간 아버지
그의 짓무른 어깨는 어린 것의 맑은 젖살이 되고
대학 등록금이 되고 눈물의 시가 되었지만
몇 년 만에 소주 한 병 올리는 게 고작이어서
너무 부끄러울 뿐이다
파르라니 깎인 잔디가
군대 가면서 바리깡으로 민 아이 머리 같다
문득 중국 여행길에 만난 티벳 초원을 떠올린다
물이 너무 모자라
일생에 딱 세번 목욕을 하고
하늘 나라에 간 아버지를
검독수리와 수리메의 양식으로 내놓는
사람들이 너무 야속하게만 느껴졌는데
아비의 혼이 쌓아올려진 모래산을 아늑한 집으로 삼
아
　꽃대를 밀어올린 쑥부쟁이 얼굴이 얼마나 맑던지

돌아와서도 내내 잊히지 않았다
아버지의 마른 몸이
어림 것의 맑은 눈에
모래 끼얹는 것을 막으며
따스하게 껴안는 것을 느낀다
토닥이는 아버지의 손길을 느끼며 일어서는 저녁
물안개가 따스하게 섬진강 줄기를 감쌌다

마니차를 돌리며

라싸행 칭장 열차의 출발점인
칭하이성(淸海城) 수도 근처의 절집에 들렀다
티벳 불교의 6대 본산에 걸맞은
목탁 소리 들리지 않고
길게 꼬리를 문 순례자들이
절 입구부터 마니차 돌리는 소리로 요란하다
초원을 떠돌며 말을 먹이고 양젖을 짜느라
글이라곤 까맣게 모르는 사람들이
한번 돌릴 때마다
곧 불경 한 권을 뗀 것과 같다는 믿음으로
덜덜거리며 굴리는 행렬이 줄어들 줄 모른다
수십개나 되는 통을 징검다리 삼아
글 같은 거 몰라도
얼마든지 서방정토에 닿을 수 있다고
대웅전 앞에 놓인 불전함이
아가리를 벌리고 있다
지식의 백과사전 따위는 버려도 좋아
월급 통장 채우느라
너를 돌아볼 틈 없이
뛰어다니지 않아도 좋은 나라로 가고 싶지 않아?

밀면을 밀어도 좋을 듯
반질반질해진 마니차가 묻고 있다
쉴 새 없이 빙빙 도는 경통 너머
달라이 라마를 만나기 위해
일생에 딱 세번 목욕을 하면서
맑은 영혼을 간수하는 유목민들이 보인다
점점 목을 죄어드는 사막을 막기 위해
이슬 한 모금도 독배처럼 천천히 마시며
오체투지하며 바닥에 엎드린
개망초며 사막토끼풀 들의 머리가 파릇하다
어쩌다 한 줄기 소나기 달게 퍼부어도
제 영혼을 간수할 몫밖에는 마시지 않고
햇볕에 데지 않도록
한껏 몸을 낮춘 풀들을 헤치고
거리를 가득 채운 중국군들 앞에서
소신공양하는 티벳 승려를 본다
문득 글자들이 우글거리는 책 너머
사막에 쏟아지는 비단 너머
올라갈수록 뒤로 물러서는 명사산 위로
신기루 한 폭 짧은 필름처럼 펼쳐진다

좀 비뚤어져도 돼

　도서관 1층 세미나룸에서 아이들의 글을 고치는 동안
　5월은 깜박이는 형광등 뒤에 숨죽이고 있다
　매스컴의 오디션 열풍을 어떻게 생각하니?
　서바이벌 게임을 벌이듯 떨어뜨리는 경연을 벌이며
　내장을 들추듯 참가자들의 사생활을 파헤치는 걸
　그대로 두는 게 좋을까?
　꼬물꼬물 지렁이가 기어가는 아이들의 글을
　외과 수술하듯 자르고
　원고지에 쓸 시간에 카카오톡을 주고받느라
　제대로 담지 못한 생각들을 덧대어 준다
　마치 퀴즈라도 풀린 듯 신기해하며 웃는 아이들
　붉은 볼펜 글씨로 빽빽해진 원고지를
　물고 늘어지는 창밖으로
　아이들 뒤로 초청가수의 열창 소리와 함성이
　연방 파도를 타고 떠밀려 온다
　저렇게 운동장으로 달려가고 싶은데
　라일락 향기와 버물린 함성으로 하늘을 들어올리고 싶은데
　아이들을 감옥에 가둔 시간이 미안하다

꼬인 내장을 곧게 펴고
뱅뱅 꼬인 조사들을 풀어
어지러운 세상을 보는 맑은 눈을 담아야 한다고
쉴 틈 없이 수술칼을 휘두르다가
문득 허리를 편다
창 밖 아이들 초청가수 무대로 눈길이 고정된
원고지 좁은 여백 사이로
아이의 생각이 죽은 채 널브러져 있고
낯선 아이가 빤히 올려다본다
좀 비뚤어져도 된다고
생각이 좀 모자라도 문제없다고…
첨삭을 마치고 일어서는 아이들 뒤로
축제의 파장을 알리듯 땅거미가 밀려온다

알바천국

서울서 두 시간은 족히 달려
1호선 종점에 내렸다
첫 시간 수업 놓치지 않으려고
아이들이 부리나케 서두르는 길 너머
공주대학교 스쿨버스가 대기하고 있다
몇몇 여학생들이 그쪽으로 가는 걸 보면서
공주를 모셔가려 왔나 생각해 본다
지방대 강의실이 텅텅 비니
공룡 같은 서울 학생들을 떼어서
실어 나르느라 힘이 부치는지
버스 한쪽 어깨가 기울어져 있다
침대칸도 아닌데 내내 기대어 꿀잠을 자다가
눈꺼풀도 말끔하게 떼지 못한 채
길게 늘어선 사람 띠를 따라 버스로 가는 아이들
셔틀버스에 오르자 다시 부족한 아침잠을 채우느라
커튼으로 아침 볕 가린 채 고개를 눕힌다
공주를 맞아도 좋게 같이 멀끔한 버스가
문뜩 철 지난 과일을 가득 담은
나무궤짝으로 보인다
차가 턱에 갈릴 때마다 궤짝이 찌그러졌다

다시 펴지기를 반복한다
문득 시골 정류장에 설 때마다
산처럼 쌓인 옥수수며 먹배들이 눈에 밟힌다
올해는 풍년인 블루베리도 무더기로 쌓여 있다
과잉 생산되어 내다팔 시장을 잃은
제철 과일들이 제풀에 시든다
그 사이로 문만 활짝 열린 대학에서
쏟아진 아이들이 설 자리가 마땅치 않아
사과 궤짝처럼 이리저리 떠밀린다
대학을 나와 놓고도 의자를 갖지 못한 아이들이
진종일 서서 뒤뚱거리는 스낵 양판점 앞
밀린 임금을 달라며 피켓을 높이 들고 서있다
알바천국 전단지가 하늘 높이 날아오른다

남천, 불타는 루주를 바른

남들은 하나같이 시들어 단풍이 들었다는데
녀석은 얕보는 사람들 앞에서 핏대를 올리듯
불타는 빨강 열매들 다투어 내민다
눈보라가 마을 밖으로 닿는 길 지우고
유리창마다 바삭바삭 성에꽃 핀 겨울날
넉넉한 광합성을 위해
한 줄기 햇살도 놓지 않으려는 듯
부드러운 톱날 같은 잎들로
높은 담장을 가르듯 기지개 켠다
매서운 손찌검을 해대는 겨울과 맞서는 것은
화려한 치장을 먼저 버리는 것이라고
군살이라곤 없이 꼿꼿이 세운 허리
겨울바람 아무리 기세 좋게 흔들어도
얼개빗처럼 보기 좋게 쓸어 넘긴다
누구나 들일 수 있는 빈 자리가
그 어떤 거대한 소유보다 넉넉하다고
파란 겨울 하늘에 더 가까이
엄지로 발레슈즈를 세우듯 굿굿하게 서 있다

고비시막을 제 앞마당 삼아 지키는

도마뱀은 숙적을 만났을 때
날카로운 무기를 벼리는 대신
제 몸을 아낌없이 떼어 던진다던가
한 방의 이슬 놓치지 않기 위해
사막 선인장은 기꺼이 온몸에 가시옷을 걸친다던가

폭설이 마을을 숨구멍 하나 안 남기고
빼곡히 덮어버린 겨울 한복판
파릇파릇 향일성의 푸른 잎들
일제히 기지개를 켜는 남천 앞에서
버릴 것들로 가득 찬 나를
성난 표정으로 돌아본다

귀로 보는 봄뜰
-피아니스트 김문화에게

베토벤의 고별 소나타*를 듣는 창 밖
닿을 걸어놓은 말뚝을 뿌리치며
보길도 동백 바다가 출렁거린다
점점 깊게 번져가는 귓병 따라
서울로 가는 바람 소리
날로 희미해져 가는 슬픔을 누른 채
벙그는 동백 한 촉 눈부시다
한 옥타브의 소리가 사라져 가면서
창틀을 깨끗하게 넘는 파도
따뜻한 방을 버리고
눈보라 몰아치는 벌판으로 등을 떠민다
의미를 읽은 음절들로 가득한 것들에게
솔깃한 귀를 버릴 때
가청 주파수 밖의 의미들
비로소 따스한 옷을 입는다고
지금 눈앞의 성찬에 눈 멀면
진창에 박혀 있는 보석은 만질 수 없다고
베토벤이 들리지 않는 포르테 음표가 말한다
어두워지는 귀에 쐐기를 박듯

꺼진 벽난로 앞에서
마음은 더욱 뜨거워진다
음표를 앵무새처럼 옮기는 건반 아닌
들리지 않는 소리에 온몸을 싣는 것이라고
저벅거리는 점령군의 군화
진창을 뭉개듯 아무리 짓밟아도
빼앗아갈 수 없는 게 있다고
처음에는 여린 피아니시모로 참다가
포르테 포르테 세찬 눈보라 쏟아진다
습관성 마약처럼 붙들고 있는
톱밥난로 앞에서 떠나
건반 위에 맑은 봄꽃이 핀다
때 묻지 않은 첫눈 딛는다

*고별 소나타 : 베토벤 후기 소나타인 피아노 소나타 26번의 별칭이다. 1809년 나폴레옹의 오스트리아 침략에 따라 귀족들이 피신하여, 텅 빈 비엔나를 슬퍼하며 쓴 곡이다. 3악장이 각기 '고별-부재-재회'라는 부제를 가지고 있다.

평사리, 길 밖에서

더 이상 꽃잔치 열리지 않는 화개장터
높아진 호객 소리에 등 돌린 채
하동 악양 평사리로 향한다
박경리의 토지를 만날 기대 부풀며
비로소 가을 속으로 들어가
파란 허리 펄렁이는 산수국 향기 따라
논고둥 느린 걸음 배워가며 걷는다

섬진강 가늘고 긴 허리를 안은 채
길은 이무기 긴 몸을 풀 듯
재촉하지 말라고 군데군데 산굽이를 펼친다
서둘러 남해로 달려가려는 듯
가을바람 품어 윤슬을 일으키는 강물
가지런한 이를 드러낸 모래톱이
굽이마다 깊게 잘라가지만
조금도 아프지 않다

첩첩한 산그늘 품은 채
광양 다압면으로 가는 물살

깊게 베인 햇살로 무화과 맛을 들인다
서로 상처를 안기면서
길은 앞으로 나아가지 않느냐고
피아골 온통 물들인 단풍
검붉은 상처 같은 꽃터널
산문 넘어 끝없이 잇는다

평사리 부처님 이마처럼 넓은 벌판
십리길에 만개한 벼꽃들
최참판 한 손아귀에 드는 게 아니라
여름 내내 허리 펴지 못한 채
가꾼 사람들의 몫이라고 수런거린다

객지 맛 한 바탕 자아내려
박경리 선생네 기웃거리는 뜨내기들에게
평사를 벌판을 둘러싼
악양 가파른 산그림자를 안긴다
깨끗한 새벽을 맞으러 떠난 사람들
끝내 돌아오지 못한 채
주인 없는 돌무덤 감도는 메아리
악양 평사리 벌판을 봉두난발로 건넌다

수목한계선

북아현동 대학으로 아이들을 만나러 가는 길
강의동 앞에 봄맞이로 내놓은
큰 화분들을 보다가 문득 눈길이 멈춘다
남쪽 담양 소쇄원께서 만났던 대나무들이
임부의 배처럼 불룩한 화분 속에
몇 그루 머쓱하게 서 있다
반가운 마음에 다가가 만져보지만
담양에서 만난 대나무가 아니다
봄이면 비구니 머리처럼 파릇하게 올라오는 죽순
여린 뿌리 하나 찾아볼 수 없고
한창 물 긷기에 바쁠 봄날인데도
춘궁기를 넘기기 버거운 듯 여위었고
마른 잎들 며칠째 안 감은 머리처럼 푸석하다
북아현동 가파른 고깃길을 넘어오는
꽃샘바람 매서운 손찌검 탓이리라
차령산맥으로 그어진 수목한계선을 넘어
대나무를 만나는 기쁨을 누리기 위하여
옮겨 심은 사람의 탐욕은 얼마나 대단한가
갑갑한 화분 속에서 뿌리를 뻗느라
벽에 군데군데 금이 가 있다

꽃샘바람을 받아 넘기느라
힘겹게 푸석한 잎 주억거리는 대나무
아직 찬바람의 갈기가 매운데
어깨 훤히 파인 원피스를 걸친 여인처럼
어긋난 시간이 버겁게 짓누른다
둥지를 틀고 살 것도 아닌데
분양권 딱지로 사놓은
부동산 투기꾼에 떠밀려 걷듯
강의실 문을 무겁게 민다
꽃샘바람 매운 손이
겨울 복판이듯 훅 끼쳐온다

선암사 가는 길에

꽃샘추위 채 가시지 않은 윤사월
여의도 벚꽃길을 찾은 사람들
그 바다에서도
당신의 목소리 또렷하게 듣듯

봄날을 앞당기며 피는 선암사 홍매화
깨끗한 하늘 고스란히 담은
파릇한 새 싹에서
당신의 맑은 눈을 읽듯

선암사 편백나무 숲이
연둣빛 봄볕 한 줌 건네기 위해
허리를 곧게 펴
파란 하늘을 비질하듯

선암사 승선교 건너
숲길을 남겨두는 것은
당신과 함께 걸을 때
비로소 길 밖의 길
또렷이 보이기 때문이다

흐드러진 왕벚나무 겹꽃들
봄비 한 자락에 아낌없이 저를 던져
하늘로 닿는 무지개를 걸듯
첩첩하게 가로막는 산 넘어
깨끗한 새벽으로 닿는 길
한 가닥 열어놓는다

황학동 키드의 환생

찍은날　2017년 6월 20일
펴낸날　2017년 6월 26일
지은이　박몽구
펴낸이　박몽구
펴낸곳　도서출판 시와문화
주　소　(13955) 경기 안양시 동안구 경수대로883번길 33,
　　　　103동 204호(비산동 꿈에그린아파트)
전　화　(031)452-4992
E-mail　poetpak@naver.com
등록번호　제2007-000005호 (2007년 2월 13일)

ISBN　978-89-94833-29-3(03810)

정　가　10,000원

*이 시집은 한국문화예술위원회, 경기도, 경기문화재단의 지원을 받아 제작되었습니다.